Original illisible

NF Z 43-120-10

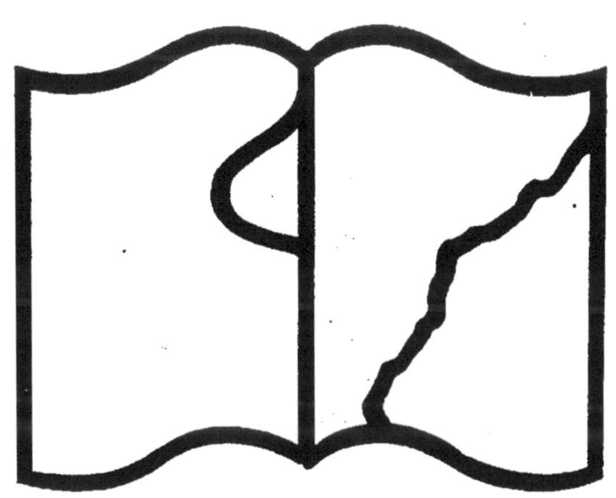

Texte détérioré — reliure défectueuse

NF Z 43-120-11

UN

CONTINENT PERDU

PARIS. — IMPRIMERIE DE E. MARTINET, RUE MIGNON, 2

UN

CONTINENT PERDU

OU

L'ESCLAVAGE ET LA TRAITE

EN AFRIQUE

(1875)

AVEC QUELQUES OBSERVATIONS

SUR LA MANIÈRE DONT ILS SE PRATIQUENT EN ASIE ET DANS D'AUTRES CONTRÉES SOUS LE NOM DE SYSTÈME CONTRACTUEL DE LA MAIN-D'ŒUVRE

PAR

JOSEPH COOPER

OUVRAGE TRADUIT DE L'ANGLAIS

ET CONTENANT UNE PRÉFACE

DE M. ED. LABOULAYE

MEMBRE DE L'INSTITUT

DÉPUTÉ A L'ASSEMBLÉE NATIONALE

PARIS

LIBRAIRIE HACHETTE ET Cie

79, BOULEVARD SAINT-GERMAIN, 79

1876

PRÉFACE

Voici un livre que recommandent également le nom de l'auteur et le sujet qui y est traité.

L'auteur est un philanthrope et un chrétien. Il appartient à une secte peu nombreuse, mais de laquelle on peut dire qu'elle a fait du bien partout où elle a passé : *transiit benefaciendo.* Les Quakers (c'est le nom dérisoire que le monde donne à ces excellents hommes) ont pris au sérieux la morale de l'Évangile ; ils ont été, dès le premier jour, les adversaires de la guerre, de l'esclavage, de l'intolérance, ces trois grands crimes. Repoussés, bafoués, persécutés, ils n'ont jamais abandonné leur œuvre sainte ; leur foi les a soutenus. Toujours sur la brèche, ils ont fatigué de leurs plaintes les rois, les peuples, les parlements. En dépit du dédain des beaux esprits, cette poignée d'hommes a plus d'une fois fait triompher les droits de l'humanité !

C'est en Angleterre et aux États-Unis que les

Quakers ont obtenu leurs plus beaux succès. On leur doit en grande partie la suppression de la traite et l'abolition de l'esclavage. Benezet, Buxton, Sturge, sont des noms qu'on ne peut oublier.

M. J. Cooper est leur successeur. Comme ses devanciers, il ne veut se reposer que lorsqu'il n'y aura plus sur la terre que des hommes libres pour invoquer et bénir le Seigneur.

Les peuples chrétiens en ont fini avec l'esclavage des noirs; il n'en reste plus que des débris au Brésil, et l'heure de la liberté sera sans doute avancée par le prince éclairé et bienveillant qui gouverne cet empire. Une seule nation fait exception, c'est l'Espagne. Il y a là une tache qui n'est point effacée, tache d'autant plus honteuse, qu'en 1817, la catholique Espagne s'est fait payer un million par l'hérétique Angleterre pour être chrétienne. Elle a promis d'en finir avec l'esclavage de Cuba; elle a reçu le prix du contrat et elle a manqué à sa parole. Il y avait 194 000 esclaves à Cuba, en 1817; il y en a plus de 350 000 aujourd'hui.

Mais en dehors des peuples chrétiens, l'esclavage subsiste toujours, et depuis quelques années il grandit. Ce sont les musulmans qui donnent ce triste spectacle. En Turquie, en Égypte, la traite fournit des noirs, qu'elle va tirer de l'intérieur de l'Afrique. Suivant des calculs plausibles, chaque année un million d'hommes sont enlevés à leur famille et à leur tribu;

les quatre cinquièmes meurent en route; mais il en reste deux cent mille qu'on vend jusqu'à douze cents francs la pièce, et qui vont user le reste de leur vie au service de la paresse et de la débauche orientale.

C'est ce qu'a démontré un professeur de l'Université, M. Berlioux, dans le curieux livre qu'il a publié en 1870 : « *la Traite orientale, histoire des chasses à l'homme organisées en Afrique depuis quinze ans pour les marchés de l'Orient.* » Du reste les voyages de Livingstone n'ont que trop mis au jour l'histoire de toutes ces infamies.

Ce n'est pas que les puissances chrétiennes n'aient essayé d'empêcher la traite, qu'elles flétrissaient au Congrès de Vérone, en 1822, comme « *un fléau qui a trop longtemps désolé l'Afrique, dégradé l'Europe et affligé l'humanité* »; mais comme le dit et le prouve M. J. Cooper, ces efforts, mal calculés, ne sont qu'une œuvre ruineuse et vaine. C'est la source du mal qu'il faut atteindre. Tant qu'il y aura des acheteurs d'esclaves, il y aura des vendeurs. La demande est trop forte et le prix trop avantageux pour ne pas perpétuer la chasse à l'homme. Supprimez l'esclavage, vous supprimez la traite ; mais tant que l'esclavage subsistera, vos croisières seront impuissantes et les remontrances de vos consuls n'aboutiront à rien. On fermera les marchés publics d'esclaves, mais la contrebande se fera avec la connivence des autorités locales et rien ne sera changé.

Sans doute, quand on s'adresse au sultan et au khédive, on en obtient toujours de belles paroles; il y a dans le Coran des maximes qui ne sont pas indignes de la Bible; mais il ne faut pas que l'Europe s'y laisse prendre; on l'amuse par de grands mots. La traite ne diminue pas et l'esclavage dure toujours.

L'Europe a-t-elle le droit d'intervenir dans une pareille question? Oui, sans doute. Il en est de la souveraineté des princes comme de la liberté des individus. Faites ce que vous voudrez, mais ne nuisez pas aux autres. Le droit d'autrui est la limite de votre droit. Que l'Égypte et la Turquie n'affranchissent pas leurs esclaves, c'est une affaire intérieure dans laquelle nous n'avons pas droit d'intervenir; mais l'Afrique est un marché qui appartient à tout le monde; on n'a pas le droit d'y porter la guerre, d'y ruiner les populations pour la plus grande gloire des harems d'Orient. Les guerres qui désolent l'Afrique viennent du dehors; c'est le brigandage des chasseurs d'esclaves qui les allume et les nourrit. Voilà ce que les peuples chrétiens ont le droit d'empêcher. Ils peuvent défendre la liberté de l'Afrique comme autrefois ils ont défendu la liberté des mers. Personne n'a le droit de dévaster une terre qui fait la quatrième partie du monde et qui offre à l'Europe et à l'Amérique un marché dont elles ont besoin. Si la pitié ne suffit pas pour animer les peuples chrétiens, qu'ils songent à leurs intérêts.

Il est d'autres formes d'esclavage qui se glissent sourdement dans les pays du nouveau monde. Si l'on n'y faisait attention, la servitude des *coolies* (1) chinois remplacerait celle des noirs. M. Cooper signale ces abus avec une indignation légitime. Il dénonce également cette traite des sauvages d'Australie faite au profit des colons. M. Cooper se fait l'avocat d'office de ces pauvres gens dont personne ne s'inquiète et qui seraient bien étonnés d'apprendre qu'on remue l'Europe en leur nom. Mais s'ils le savaient, peut-être du même coup comprendraient-ils ce que c'est qu'un chrétien.

Espérons que tant d'efforts ne seront pas inutiles. Il ne manque pas de gens qui n'aiment point qu'on touche aux abus et qui se plaignent du bruit que fait *la secte fanatique des humanitaires;* les gouvernements sont en général de l'avis de ceux qui demandent qu'on ne fasse rien; mais peu à peu la conscience s'éveille et, comme le dit très-justement l'auteur : « Quand les peuples veulent sérieusement quelque chose, les gouvernements agissent. A moins d'être soutenu par une opinion publique, saine et vigoureuse, le gouvernement ne fait rien et ne peut rien faire. »

(1) Voyez p. 52.

Qu'on lise donc ce livre; qu'on voie ce qu'en plein XIXe siècle le soleil éclaire d'ignominies, et si nous sommes autre chose que des diseurs de belles paroles, si nous ne voulons pas que le sang de nos frères innocents retombe sur nous, mettons au ban de la civilisation ceux qui l'outragent par leur abominable égoïsme, et décidons nos gouvernements à prendre en main la cause de l'humanité.

ED. LABOULAYE.

Glatigny-Versailles, 25 octobre 1875.

INTRODUCTION

Depuis la publication de « l'Esclavage et la traite des noirs en 1872 », *bien des circonstances ont attiré l'attention sur cette question si grave.*

La découverte de Livingstone à Ujiji, les voyages qu'il accomplit ensuite, sa fin déplorable; la mission de sir Bartle Frere, les efforts de bien d'autres explorateurs encore, tout s'est réuni pour exciter au plus haut point l'émotion publique.

Cette émotion profitera-t-elle à la bonne cause?

Alors l'esclavage et la traite auront bientôt disparu en Afrique, et cette destruction sera bénie de Dieu.

Montrer qu'aucun obstacle insurmontable ne s'y oppose, tel est le but de ces pages.

De ce qui se passe actuellement dans la grande vallée du Nil, il est clair qu'une de ces deux choses devra bientôt se réaliser: ou bien l'esclavage sera aboli dans les pays mahométans, et par suite la traite en Afrique, ou bien l'univers devra reconnaître l'établissement d'un nouveau marché d'esclaves, qui se développe sur une immense étendue.

C'est au peuple d'Angleterre, et aux autres grandes

nations, sous le regard et la souveraine autorité de la Providence, de s'employer activement à résoudre ce grand problème.

Quand les peuples se passionnent les gouvernements agissent; à moins de se sentir appuyés par une opinion publique vigoureuse, les hommes d'État ne font rien, et ne peuvent rien faire.

Essex-Hall, Walthamstow, avril 1875.

TABLE DES MATIÈRES

CHAPITRE VI

CHAPITRE VII

CHAPITRE VIII

CHAPITRE IX

CHAPITRE X

CHAPITRE XI

CHAPITRE XII

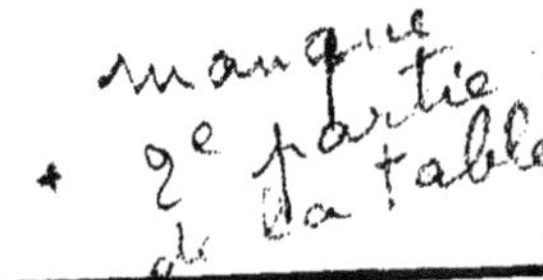

UN

CONTINENT PERDU

CHAPITRE PREMIER

État de l'Afrique. — Insuffisance des efforts actuellement tentés pour détruire la traite. — Le seul vrai remède. — L'esclavage en Turquie, en Égypte, en Perse. — Guerres d'invasion. — Sir Samuel Baker. — Le colonel Gordon, etc.

Lorsque les événements que nous traversons aujourd'hui seront passés dans l'histoire, rien ne semblera plus extraordinaire et plus anormal que l'état du vaste continent de l'Afrique pendant la seconde moitié du XIXe siècle. En effet, la traite des nègres étend aujourd'hui ses ravages sur la plupart des régions du nord, du sud et du centre, et couvre un espace presque égal à l'Europe entière.

Un quart de notre globe, propre à fournir en abondance toutes les choses nécessaires au bien-être et au bonheur de l'humanité, sera resté stérile et sauvage : quel problème difficile à résoudre pour le futur historien !

Il ne manquera pas d'observer que les travaux, le dévouement, l'audace des voyageurs, ont jeté de loin en loin un rayon de lumière sur la sombre barbarie

Documents manquants (pages, cahiers...)

NF Z 43-120-13

de l'Afrique, et que des efforts généreux, persévérants, héroïques, ont été entrepris pour porter remède à tant de misères.

Mais, s'il est capable de concevoir la question dans son ensemble, il verra clairement que ces efforts ont manqué leur but, et que, par suite, ils n'ont abouti qu'à des résultats imparfaits, presque insignifiants; il verra aussi qu'une inexplicable légèreté a fait négliger, ou peu s'en faut, le seul véritable remède.

Depuis cinquante ans, les graves questions qui concernent l'offre et la demande commerciales ont été plus que jamais approfondies : et mieux que jamais, on a pu constater que, le plus souvent, l'offre est créée par la demande. Mais, par une bizarre inconséquence, toutes les fois qu'on s'est occupé de l'esclavage, l'attention s'est toujours portée tout entière sur la question des offres, jamais sur celle des demandes.

L'esclavage, dira-t-on, est une question purement philanthropique. Non, l'esclavage fait de l'homme une propriété ; donc la question est commerciale et par conséquent elle est soumise aux lois qui régissent l'offre et la demande.

Fournir aux commandes d'esclaves venus des contrées mahométanes, telle fut pendant longtemps en Afrique la plus lucrative des entreprises; essayer d'abolir ce trafic en entravant les fournisseurs seulement, ce fut, l'expérience le démontre, vouloir empêcher le fleuve de suivre son courant.

Aussi, malgré tant d'efforts, la traite des nègres,

dans son ensemble est probablement aussi florissante qu'elle a jamais pu l'être autrefois.

Tant que le prix d'un esclave atteindra de 750 à 1250 francs, soit en Turquie, soit en Égypte, il sera impossible d'arrêter la traite, à moins qu'on n'ait la folie de croire à une garde possible des vastes rivages africains.

Presque toutes les guerres sanglantes qui dépeuplent et qui désolent ce continent prennent leur origine ailleurs, dans les pays où les esclaves sont conduits. Sans doute, il s'élève des querelles particulières entre les tribus; mais, de près ou de loin, la plupart tiennent à des réclamations avant tout profitables au débit des esclaves. En fait, les guerres qui ne concernent pas ce honteux commerce sont si rares qu'on peut les négliger dans l'étude de la question africaine.

La traite des nègres compte aujourd'hui plus de trois cents ans d'existence, et, d'après le calcul d'un scrupuleux écrivain français, elle a depuis trois cents ans enlevé à leur pays plus de cinquante millions d'hommes.

La responsabilité des crimes et des horreurs que ces chiffres supposent incombe avant tout aux nations chrétiennes de l'Europe, qui introduisirent ce régime en Afrique pendant le XVIe siècle.

Ces nations ont paru sentir le poids d'une responsabilité si lourde et désirer sincèrement la fin de tels abus. A Vienne, en 1815, à Vérone, en 1822, les huit principales puissances de l'Europe avaient envoyé des représentants : Il fut établi que l'état de l'Afrique était pour l'Europe une honte, et qu'unissant leurs efforts, les gouvernements représentés lutteraient jusqu'au bout pour la complète et définitive abolition de l'esclavage [1].

Depuis cette époque, de grands changements sont survenus, la traite a presque cessé dans l'Atlantique. Mais le trafic, qui aujourd'hui s'effectue surtout par l'est et par les routes terrestres, s'est immensément accru. Les contrées qui profitent le plus de la traite des nègres sont la Turquie, l'Égypte, la Perse, Tunis, le Maroc et Madagascar. Sur elles pèse aujourd'hui la principale responsabilité de l'état de l'Afrique. Les souverains de ces contrées ont condamné presque en toute occasion l'esclavage et la traite des esclaves; ils ont consenti à des traités qui exigeaient la suppression des marchés d'esclaves dans leurs domaines. Comment se fait-il donc que la traite ait continué chez eux en dépit de la loi et des traités? On répondra d'abord que les puissances européennes, engagées solennellement à mettre à ces abus un terme définitif, se sont trop désintéressées de la question depuis trente ans, et que la traite en a profité pour se développer tout tranquillement.

Mais, aujourd'hui, le problème est mieux étudié : l'esclavage, cela devient de jour en jour plus évident, doit être interdit dans la Turquie et dans l'Égypte, les deux nations qui lèvent sur l'Afrique le plus pesant impôt.

(1) Voyez la note A.

Ce que nous voulons, c'est que les lois ne regardent plus des êtres humains comme une propriété, que leur achat et que leur vente deviennent un crime capital.

La loi reconnaissant l'homme propriétaire de l'homme : voilà l'origine de tout le mal.

Quelques publicistes ont imaginé, après un examen bien superficiel de la question, qu'abolir l'esclavage c'est enlever au travail toute la population laborieuse : grave erreur. Patrons et ouvriers auront besoin les uns des autres, et bien souvent, l'esclavage aboli, ne changeront rien à leurs rapports mutuels.

Les esclaves sont-ils heureux comme on le prétend? En ce cas, ils ne quitteront pas leur maître; sinon le maître puisera, si ce n'est dans ses sentiments d'humanité, au moins dans son désir de les conserver, de nouveaux motifs d'améliorer leur condition. Sans doute, la transition ne se fera pas sans quelques secousses : bien faibles maux au prix de ceux qui, tôt ou tard, accablent les contrées où l'esclavage est toléré.

L'abolition de l'esclavage deviendra un bienfait aussi grand pour le maître que pour l'ouvrier, car l'esclavage est la cause principale de cet engourdissement et de cette sensualité qui ruinent un peuple et mettent tant d'obstacles aux progrès du christianisme et de la civilisation.

Autre objection : l'esclavage étant une institution nationale, l'intervention des puissances étrangères est contraire au droit des gens.

Mais la traite aujourd'hui est en Afrique une institution nationale : faudra-t-il contester la justice des efforts tentés par tous les peuples pour la réprimer, et y verra-t-on un crime de lèse-humanité ? D'ailleurs l'esclavage aussi n'est-il pas un crime envers l'humanité, et à ce titre tous les hommes et tous les pays n'ont-ils pas le droit d'exercer contre lui leur autorité morale ?

Enfin quelques personnes se plaisent à décrire l'esclavage comme une institution patriarcale et à dépeindre le bonheur d'un esclave chez les musulmans. Ils oublient que pour un esclave arrivé en Turquie ou en Égypte, il en est mort quatre pour le moins.

Libre à ces hommes de rêver au parfait bonheur des esclaves ; mais au moins qu'ils se souviennent que, livrée à l'esclavage, l'Afrique sera toujours un continent perdu. Il est certain que les nègres dépérissent hors de leur pays ; il est établi qu'en Turquie on a rarement vu deux générations de nègres, jamais trois. Aussi le besoin de nouvelles victimes attire d'Afrique un courant toujours renaissant. Dans le compte rendu présenté en 1873 aux Chambres du Parlement, sir Bartle Frere disait : « Les dépendances du vicariat apostolique du centre de l'Afrique s'étendent sur des contrées dont la population, depuis la mer Rouge et la mer Arabique à l'est, jusqu'à l'océan Atlantique à l'ouest, a pu être estimée à quatre-vingts millions d'âmes environ : Or, d'après le calcul du supérieur de la mission, chaque année l'esclavage en absorbe un million.

« Livingstone a calculé qu'à peine un esclave sur cinq arrivait à destination, et dans certains trajets à peine un sur neuf. Encore n'a-t-il pas compté les décès qui suivent la mutilation des petits garçons qu'on expédie aux marchés d'Égypte et de Turquie : deux sur trois périssent.

« Toutes les puissances orientales ont montré autrefois un vif désir d'entretenir de bonnes relations avec l'Angleterre, et il est hors de doute que si l'autorité morale de l'Angleterre avait pesé sur elles avec plus de persévérance, l'esclavage, et par conséquent la traite des esclaves nègres ou circassiens aurait cessé depuis longtemps.

« Cette détestable institution ne peut plus durer. Si la Grande-Bretagne ne veut point agir, tout porte à croire que la Russie agira et s'en donnera la gloire, comme elle a fait récemment en supprimant l'esclavage à Khiva. La conduite du gouvernement russe en cette occasion lui fait le plus grand honneur. S'il eût temporisé avec l'esclavage, les habitants de Khiva auraient été soumis à bien plus de troubles et d'ennuis. Le système des compromis aurait tout dérangé sans rien établir.

« Trop longtemps l'Angleterre a conservé l'habitude de négliger les droits que lui donnaient les traités et d'accepter comme des faits accomplis l'esclavage et la traite chez les nations orientales. Si sa politique ne change pas bientôt, la Russie entrera en lice et mettra fin à ces deux infamies. »

Souvent les hommes d'État eux-mêmes ont soutenu que les progrès de la civilisation et des idées européennes chez les nations orientales auront pour conséquence nécessaire l'abolition de l'esclavage et de la traite. Cette idée peut être plausible, mais ici des faits la contredisent. L'esclavage et la civilisation progressent côte à côte aujourd'hui en Égypte. Les esclaves, en quelque sorte, sont un objet de luxe. Les développements de la civilisation et de la fortune en Égypte ont augmenté le nombre des riches qui peuvent acheter et nourrir des esclaves. D'autres esprits ont peine à concevoir qu'il soit nécessaire d'en finir avec l'esclavage pour détruire la traite. Ils s'attachent à cette idée fausse que la force seule abolira en Afrique ce honteux négoce, et par le fait empêchera l'esclavage. Leur opinion ne saurait trouver ni dans l'histoire, ni dans les événements actuels la moindre garantie.

Sir Bartle Frere, qui a tant fait pour l'humanité, et dont le jugement et l'expérience rendent les paroles si dignes d'attention, s'exprimait récemment en ces termes dans une réunion à Glascow :

« Faisons ce que nous pourrons pour une suppres-
« sion violente : nous n'abolirons la traite qu'en abo-
« lissant l'esclavage. Il faut faire entendre aux puis-
« sances qui le tolèrent, à l'Égypte, à la Turquie et
« aux autres, qu'elles ne seront point admises à
« l'alliance des nations civilisées si elles conservent
« cette barbare coutume. »

L'un des résultats poursuivis par sir Samuel Baker, dans sa récente expédition, était de supprimer la traite par la force. On a détruit quelques postes de chasseurs d'esclaves bien vite rétablis, sans doute, après son passage; mais en somme cette énorme dépense d'argent et de sang humain a peu servi. Beaucoup de ceux qui suivaient l'expédition ont péri. Les indigènes furent massacrés en foule, leurs villages brûlés, leurs bestiaux saisis.

Quels seront les résultats de la nouvelle expédition entreprise par le colonel Gordon? Nous l'ignorons encore. Mais voici la situation telle qu'il faut se la représenter aujourd'hui : une guerre d'agression et de conquête est entamée ; l'un des partis possède les engins les plus meurtriers que l'art et la science puissent créer ; l'autre, avec des armes grossières, essaye en vain de défendre sa patrie et ses foyers. Dans une seule escarmouche livrée par un des lieutenants du colonel Gordon, on a massacré quatre-vingt-deux indigènes.

Ne l'oublions pas, jamais personne, en parlant de toutes ces expéditions, ne prend en main la cause des indigènes. Nous ne recevons pas d'autres rapports que ceux des explorateurs européens, et ils partent si bien équipés, si puissamment armés, que leur vie, cela a été prouvé, court très-peu de risques. Après un brillant massacre, les agresseurs se félicitent entre eux de leur valeur et de leur belle conduite, et le monde civilisé applaudit.

Mais ces razzias au sud de l'Égypte ont-elles produit un bien durable? La première, en date, fut entreprise en 1857 par le pacha d'Égypte. Le résultat, proclamé bien haut, fut l'abolition de l'esclavage à Khartoum et dans le Soudan.

Ensuite survint l'expédition de Musa Pacha, en 1862; elle fut suivie d'une déclaration semblable. Mais tout cela n'a pas empêché la traite de faire fureur dans ces contrées et de dépeupler leurs districts jadis les plus florissants.

Jamais des tentatives de ce genre n'ont entravé la traite; à peine l'ont-elles contrainte à se chercher momentanément d'autres débouchés. Ceci posé, il est permis de s'étonner que certaines gens se récrient contre tout autre moyen d'action.

Ces obstinés ne se lassent pas d'accabler de leur mépris ceux qu'ils se plaisent à ranger dans « l'école fanatique des humanitaires ». Ignorent-ils donc qu'auprès de l'école fanatique des humanitaires, il existe une école non moins fanatique de la rapine et du sang ?

Le khédive est-il sincère dans ses proclamations sur l'esclavage? Les opinions sur ce point sont fort différentes. L'auteur de ces pages, après une entrevue avec Sa Hautesse, en est revenu convaincu qu'elle désirait sincèrement voir son pays purifié de cette plaie.

La vérité, selon nous, c'est que Sa Hautesse, qui tient avant tout à rester en bons termes avec les puissances d'Europe, comprenant qu'un châtiment terrible menace l'Égypte si elle persiste à tolérer l'esclavage, souhaiterait l'affranchissement en Égypte, mais elle n'est pas sans redouter l'influence des commerçants ou financiers européens, dont l'état actuel favorise les énormes bénéfices et dont les intérêts s'opposent à toute réforme importante. Sans doute ce fait est bien connu au *Foreign office*, et, s'il en est ainsi, nous espérons avec pleine confiance que le khédive n'attendra pas longtemps de notre Cabinet l'assurance d'un concours effectif.

Si Sa Hautesse veut décréter l'abolition de l'esclavage, et appliquer son décret par la mise en liberté de ses propres esclaves, elle posera, pour son pays, les fondements d'une prospérité durable.

Le sultan d'Onan a décidé que tous les esclaves introduits dans ses domaines y trouveraient la liberté.

Le souverain de Vittou et de Mongogani a aboli à la fois l'esclavage et la traite : aussi ces contrées sont-elles en pleine prospérité.

On ne saurait douter que l'Égypte et la Turquie n'en pussent faire autant; et elles le feront quand elles seront officiellement informées que l'Angleterre prend à la question un intérêt réel.

L'ambition du khédive consiste à fonder un vaste empire dans la vallée du Nil. S'il veut réussir, il doit rompre avec l'esclavage : c'est le seul moyen, et il est entre ses mains.

Mais par malheur, au lieu de marcher dans la bonne voie, il ne s'occupe aujourd'hui de l'esclavage que pour affermir en Égypte cette détestable institution. Avant 1873, un esclave échappé pouvait demander sa liberté à son maître, et, en certains cas, l'exiger. Pendant l'été de cette année, le chef de la police reçut l'ordre d'interdire tout affranchissement, à moins que le maître ne vînt témoigner que son esclave était à l'abri de toute accusation de vol ou d'autre délit.

Bien entendu les maîtres n'ont pas manqué d'abuser de la confiance que le gouvernement leur accordait. Aussi, dire qu'un esclave est libéré quand il en appelle aux autorités, c'est, le plus souvent, se payer d'illusions.

Si l'invasion faite aujourd'hui dans la vallée du Nil réussit, assurément les pays annexés seront des pays d'esclavage.

Les puissances européennes et l'Amérique se tiendront-elles impassibles et souffriront-elles la fondation d'un empire, ou plutôt l'annexion d'immenses territoires, où l'esclavage, sinon la traite elle-même, aura beau jeu ?

En effet, ce sera là un pays à esclaves : comment en douter, quand l'annexion a lieu avant que les conquérants aient chez eux-mêmes aboli l'esclavage.

L'Angleterre, la France, l'Amérique, vont être, en quelque sorte, les protectrices de l'esclavage en Orient. Leurs consuls entretiennent, dans les principales villes, des agents qui le soutiennent et le pratiquent. Sur les toits qui les abritent, flottent les étendards des nations chrétiennes, et sous ces toits languissent les esclaves de leurs agents consulaires.

Il est à jamais déplorable que l'Angleterre et l'Amérique, les deux nations les plus libres qui soient au monde, aient pu paraître indifférentes, car l'effet ou peut-être le hasard de quelques combinaisons diplomatiques a semblé plutôt favoriser l'esclavage que le combattre.

Les remarques suivantes sont tirées d'une note très-importante, écrite en Égypte par sir Bartle Frere, qui se rendait alors à Zanzibar :

« Un souverain aussi éclairé que Sa Hautesse ne peut s'y tromper : l'esclavage est un cancer qui dévorera jusqu'aux entrailles un pays comme l'Égypte, dont la prospérité est si intimement liée au travail de la classe agricole. Sa Hautesse a espéré qu'en entravant les arrivages d'hommes amenés de l'intérieur, elle en viendrait à diminuer peu à peu et enfin à supprimer l'esclavage en Égypte. Je crois que l'expérience donne un démenti à cette attente. Tant que les demandes continueront, je crois qu'il est pratiquement impossible de supprimer les offres. Ceci est surtout vrai quand les trafiquants trouvent sans peine à se fournir abondamment et peuvent exercer leur criminelle industrie sur des territoires si vastes, qu'il faudrait des siècles d'efforts incessants pour faire disparaître cet infâme trafic. Mais sitôt que la marchandise humaine ne sera plus demandée, son commerce sera anéanti et la traite aura cessé d'être.

« Le khédive gouverne aujourd'hui dix millions de nègres, de races diverses ; populations toujours croissantes, dociles, capables de grands progrès physiques et moraux. Mais quelle que soit la valeur de ces races, peu d'entre elles, même les meilleures, aucune peut-être ne s'est ralliée encore à l'étendard de la civilisation, autour duquel les plus infimes parmi les Égyptiens proprement dits ont depuis longtemps su conquérir leur place. Quel sera le destin de ces races nègres? Chaque année voit diminuer les obstacles qui entravaient les relations entre le cours inférieur et le cours supérieur du Nil. Un jour viendra, cela est possible et même probable, où ces obstacles auront disparu. Grâce aux projets du khédive, si intelligents et déjà en voie de réalisation, la navigation du Nil sera perfectionnée, l'Égypte aura des voies ferrées; le nord recevra enfin les produits du grand atelier de travail des noirs. Mais à quelles conditions? Si l'esclavage n'existait pas en Égypte, les deux races auraient tout à gagner. Si l'esclavage continue, les nègres libres n'émigreront pas de leur gré, et les travailleurs nègres seront tous esclaves et ilotes.

« Quelle malédiction, quelle plaie sociale résultent d'un pareil état de choses; Sa Hautesse et ses conseillers ne peuvent manquer de le reconnaître. Il leur suffira de considérer dans le monde entier combien de difficultés sont survenues toutes les fois qu'on a vu en présence une dynastie royale étrangère, une classe moyenne indigène vivant dans l'abondance, le luxe et le mépris du travail libre, une classe laborieuse vouée à la servitude. Imaginez une société semblable (c'est là, je le crois, le sort de l'Égypte, à moins que l'esclavage n'y soit aboli) et ces conditions sociales vous paraîtront non-seulement hideuses, contre nature, dangereuses en elles-mêmes, mais propres à exciter les défiances de l'Europe civilisée. S'il proclame la liberté sur les rives du bas Nil, le khédive, tout en gouvernant l'Égypte septentrionale où les races nègres ne pénètrent pas, se verra véritablement à la tête d'un grand mouvement de civilisation dirigé vers le centre de l'Afrique. Tous les hommes civilisés qui seront en même temps raisonnables devront se réjouir des progrès de son influence.

«Dans l'état actuel, ils hésiteront à regarder comme un bienfait son apparition, même dans les plus sombres retraites de l'Afrique centrale. Ils se demanderont toujours si les dernières conquêtes de Sa Hautesse en Afrique doivent être un nouveau champ de bataille et de victoire pour l'ordre et la civilisation, ou bien un nouveau terrain de chasse pour les traqueurs d'esclaves.»

CHAPITRE II

La traite dans l'Afghanistan. — L'émir reçoit des subsides de l'Angleterre. — On lui fournit des armes qu'il emploie à la traite. — L'esclavage sur la côte d'Or. — L'esclavage et la traite à Madagascar.

Les possessions et les dépendances de l'Angleterre sont si étendues qu'il faut médiocrement nous étonner de trouver tout à coup l'esclavage et la traite à nos portes. Pourtant quel sujet d'humiliation et de douleur !

Dernièrement l'infatigable M. Leitner, principal du collége du gouvernement à Lahore, a fait savoir que l'émir de l'Afghanistan pratiquait la traite sur une grande échelle et avec une cruauté barbare. Et c'est là un *quasi-feudataire* de l'Angleterre qui reçoit d'elle régulièrement un riche revenu, et des ballots de fusils Snider.

Sans cesse il lance ses brigands contre la tribu voisine des Siah Posh Kafirs : elle compte aujourd'hui 300 000 âmes, mais elle est frappée à mort. C'est, dit-on, une noble race : ils descendent d'une colonie chrétienne. Leurs armes grossières ne sauraient les défendre contre les fusils Snider que notre gouvernement des Indes fournit aux traqueurs d'esclaves.

Voici ce qu'écrivait sur ce point, en mai 1874, le rédacteur de l'*Opinion publique*, à Lahore :

« Chacun sait que sur le territoire anglais, des sujets anglais ont acheté des esclaves, et que plus d'une parmi les belles filles des Siah Posh a été arrachée à ses amis et à ses parents pour finir misérablement dans les harems de nos compatriotes. Chacun sait, s'il a quelque idée de l'état des Kafirs, que dans ces dernières années les musulmans afghans ont conquis de nombreux villages des Siah Posh, et que le motif unique de cette invasion c'est le prix élevé qu'atteignent, sur le marché, les femmes esclaves venues du Kafiristan. Chacun devrait savoir, et, nous le craignons, ne le sait pas assez, qu'il existe des agents du commerce des esclaves exerçant leur trafic maudit sur le territoire anglais lui-même. »

Parlant à une réunion publique, tenue à Londres par la Société anti-esclavagiste, M. le docteur Leitner disait :

« Venons à notre allié, l'émir de Caboul. Est-il notre vassal? Peut-être n'est-ce point littéralement vrai, mais évidemment il vit de notre vie et du prestige que nous lui accordons. Nous avons reconnu son fils tout enfant; nous lui avons donné de l'argent et des armes, nous avons pris auprès de lui la qualité de tuteur. Mérite-t-il notre protection? Je ne sais. Mais en tout cas le *tuteur* étant une puissance civilisée, la puissance *quasi-feudataire* devrait se montrer civilisée aussi. Eh bien, l'émir a pour sujets des populations plus ou moins sauvages ; quelques-unes d'entre elles peut-être ne méritent pas de très-grands égards, mais toutes, comme étant des créatures humaines, méritent quelque considération; d'autres, en revanche, méritent au plus haut point notre protection : ce sont les Siah Posh Kafirs. Les Kafirs se regardent eux-mêmes comme les frères des Européens. Ils ne sont ni Hindous ni mahométans, mais pratiquent, dit-on, une sorte de *quasi-christianisme*, ce qui devrait, si cela se pouvait, augmenter notre sympathie pour eux. Telle est la race que l'émir opprime en ce moment avec tant de succès. Je dis avec succès; les manœuvres de l'émir ont en effet parfaitement réussi depuis que nous lui avons donné des armes à feu perfectionnées. Auparavant les Kafirs conservaient depuis des siècles leur indépendance, et aujourd'hui même l'émir de Kaboul n'est pas parvenu à les soumettre complétement. Quelques auteurs croient que les Siah Posh Kafirs descendent d'une colonie établie par Alexandre lui-même. Que cela soit vrai ou non, cette race aura bien vite disparu si la Société anti-esclavagiste et l'opinion publique ne s'en occupent.

« Les Russes ont fait un grand pas en abolissant l'esclavage dans toute une partie de l'Asie centrale. Tout l'honneur en revient au czar. »

L'attention de lord Salisbury a été appelée récemment sur cette forme particulière de la traite; l'on est en droit de croire que Son Excellence tranchera nettement la question avec la promptitude qui lui est habituelle.

L'esclavage qui régnait dans les possessions anglaises sur la côte occidentale de l'Afrique a été longtemps reproché au gouvernement anglais. La mesure sage et ferme de lord Carnarvon lui a donné le coup de la mort. Mais le *Foreign office* ne doit pas se relâcher de sa surveillance et de son énergie, s'il veut que sa politique soit réellement efficace. Il n'est pas moins nécessaire que le public anglais continue de s'intéresser à la question.

Sans doute les plus grandes difficultés seront soulevées par les négociants européens.

Sur ce point, on a fait avec raison les remarques suivantes :

« Les adresses des chefs indigènes à Sa Majesté et à son représentant de la côte d'Or ont une origine européenne bien évidente ; les sentiments africains y sont déguisés, et les arguments sont de gens civilisés. Ces documents auraient pu être rédigés dans des conférences entre quelques planteurs américains ou australiens, lorsque l'émancipation menaçait les propriétaires d'esclaves des États du Sud ou de la Jamaïque. Suivant eux, nous y voyons prophétiser la ruine du commerce de l'huile de palme et de l'agriculture, la désorganisation sociale, la guerre servile, l'appauvrissement des maîtres, les violences de leurs anciens esclaves ; enfin une nouvelle invasion des Ashantis, si la politique de l'émancipation immédiate, annoncée et même entreprise par le gouverneur Strahan, est appuyée de la sanction du gouvernement. Les chefs — ce langage conviendrait mieux aux champions bien vêtus de quelque cause civilisée — protestent contre la violation des droits de la propriété. Mais qu'y faire? L'état de choses créé par la proclamation du gouverneur Strahan n'est plus possible à changer. Prudente ou non, l'Angleterre s'est chargée, à la côte d'Or, d'une mission qu'elle a le devoir de mener à bien, coûte que coûte. La liberté, il le faut, doit exister là comme dans tous les autres domaines de notre reine. Les convictions les plus profondes de la nation et le sentiment bien entendu de son honneur le veulent ainsi; l'Angleterre, dans les limites de ses possessions, ne doit rien avoir de commun avec l'esclavage. »

La situation de Madagascar, au point de vue de l'esclavage et de la traite, est anormale. L'importation des esclaves et les progrès du christianisme dans la population marchent côte à côte. Les atrocités qui accompagnent habituellement l'esclavage peuvent se voir à Madagascar : les familles sont séparées, les esclaves sont vendus et achetés comme du bétail. Des marchés d'esclaves existent à Antananarivo et dans plusieurs autres villes. Il est probable que l'adresse envoyée il y a quelque temps à la reine Ranavalo Manjaka et à son ministre Rainilaiàrioòny par le comité anti-esclavagiste de Paris a fini par produire un certain effet.

La reine a signé, en octobre dernier, une proclamation qui déclare libres tous les esclaves introduits dans l'île depuis le mois de juin 1865, date du traité conclu avec l'Angleterre, l'Amérique et la France pour l'abolition de l'esclavage. Cette mesure n'est qu'une tentative, mais on a fait un pas en avant dont l'honneur revient à la reine de Madagascar.

La position d'un missionnaire à Madagascar, comme dans tous les pays à esclaves, est délicate et difficile, car l'on ne doit pas séparer l'Évangile de sa moralité pratique. La grande guerre d'Amérique a donné une leçon que la génération actuelle ne devrait pas oublier. Cette guerre n'aurait peut-être jamais eu lieu si, aux États-Unis, les ministres de la religion chrétienne avaient toujours rempli, sans faillir, toutes les obligations de leur ministère.

CHAPITRE III

L'esclavage et la traite dans les possessions portugaises, sur la côte orientale d'Afrique, et dans l'île africaine de Saint-Thomas.

La traite continue à se développer dans les établissements portugais de la côte orientale d'Afrique. Le gouvernement portugais, qui s'est engagé par un traité à supprimer la traite, garde généralement le silence sur cette question. Depuis 1858 l'Angleterre n'a plus de consul à Mozambique, chef-lieu de ces vastes possessions ; aussi arrive-t-il bien rarement que le voile qui recouvre cette sombre partie de l'Afrique soit soulevé.

Le principal commerce du canal de Mozambique est encore la traite, et sans doute le principal marché d'esclaves au delà de la mer est Madagascar. Il est rare, disent les ministres portugais, que des vaisseaux chargés d'esclaves soient capturés, donc le commerce d'outre-mer ne peut être bien étendu.

Mais le commerce se fait sur des navires arabes, et quand un de ces navires est pris sur le fait, les Portugais échappent à la honte. Le passage suivant, extrait d'un rapport du capitaine Sullivan devant la commission de la Chambre des Communes, nous apprend comment se passent les choses :

« Une autre cause, dit le rapport, empêche de constater la part que prennent les Portugais à la traite des esclaves. La traite se fait sur des navires arabes, sous le pavillon arabe; ainsi, lorsque les navires sont pris, la honte en retombe sur le sultan. Pourtant, les Portugais ont récemment donné aux esclaves le nom de « *nègres libres* », et ont établi sur les vaisseaux mêmes qui portent leur pavillon un système de passeports, qui rend presque impossible le moyen de les découvrir, et en tout cas celui de les prendre ou de les condamner. Demandez à l'un des dix mille nègres qui encombrent les rues de Mozambique d'où il vient; il vous répondra comme le feraient les esclaves que l'on trouve à bord des navires arabes : — Volé, arraché de sa demeure, du sein de sa famille, acheté et vendu, vendu et acheté encore, il a été apporté du marché jusqu'à Mozambique, où il est plus malheureux qu'il n'a jamais été.

« Le 6 septembre, nous avons rencontré un navire portugais se dirigeant de la rivière *Quilimane* à Mozambique et chargé d'esclaves. Parmi ces esclaves se trouvaient quatre enfants *Monginda*, âgés de cinq à dix ans. Un *Banyan* (sujet anglais) de Mozambique qui se trouvait à bord les appelait « nègres libres », et montrait comme preuve leurs passeports signés par les autorités portugaises de Quilimane. La langue que parlaient ces enfants n'était intelligible ni pour notre interprète, ni pour les Portugais et Banyans qui se trouvaient à bord du navire; nous leur posâmes des questions et essayâmes de nous faire comprendre d'eux par signes, mais en vain, ce qui prouvait clairement que ces enfants avaient été récemment amenés de l'intérieur. Le fait était palpable ; pourtant plusieurs raisons nous empêchaient de capturer le navire et de l'envoyer au Cap, seul lieu où nous pussions légalement l'envoyer ; premièrement les passeports, secondement le mauvais état du bâtiment qui ne pouvait supporter la mer. Ne pouvant donc supposer que le gouverneur ne déclarât pas esclaves les enfants et les autres nègres qui se trouvaient à bord, j'envoyai le navire à Mozambique, me proposant de le détruire après que j'aurais pris l'avis du gouverneur. C'était là assurément une manière rigoureuse d'éprouver la bonne foi des Portugais au sujet de l'abolition de l'esclavage ; l'épreuve ne leur fut pas favorable. Le gouverneur m'assura néanmoins que ces nègres étaient des « nègres libres » et qu'ils étaient munis de passeports. »

Le *Livre bleu* de 1873 contient les remarques suivantes tirées d'une note adressée par le capitaine Elton à sir Bartle Frere :

« A Quilimane, sur le *Zambèse*, sur les affluents du Zambèse, principalement le *Mécusa*, le *Mariagomo*, et en particulier l'*Angoxa*, la question de l'immixtion des Portugais dans la traite des esclaves devient de plus en plus sérieuse. On ne peut se figurer à distance l'extrême difficulté que l'on trouve à recueillir des renseignements dignes de foi. L'intérêt, la méfiance, et au-dessus de tout la haine de toute ingérence étrangère, se réunissent pour rendre la tâche pénible et désagréable. La coutume de permettre aux particuliers d'entretenir de véritables armées d'esclaves a détruit toute loi; les germes de l'insurrection ont été largement semés par les sanguinaires *chasseurs d'esclaves*, qui ont poursuivi des tribus dont les instincts étaient pacifiques.

«La traite à l'intérieur n'a pas été supprimée, on peut le dire. Vers Noël, en 1870, une bande d'environ 100 hommes et femmes fut amenée pour être vendue de *Shire* à Quilimane par un chef indigène. J'arrivai à Quilimane, venant de Mozambique, vers le 10 janvier 1871; on parlait tout haut de l'affaire, et je vis quelques-uns des esclaves récemment arrivés.»

La nécessité d'envoyer un consul à Mozambique, a été bien des fois exposée au gouvernement anglais depuis quelques années; sir Bartle Frere vient encore de la développer avec force.

Une semblable mesure, bien exécutée, contribuerait certes à faire disparaître l'esclavage et la traite, pour les remplacer par un commerce légal. Mais il faut avant tout faire un bon choix.

Le Portugal a rendu plus d'un décret pour abolir l'esclavage; pourtant il est encore l'un des États qui entretiennent des esclaves.

En 1858, le Portugal rendit une loi d'après laquelle, en vingt ans, l'esclavage devait disparaître de ses possessions.

En 1869, il rendit une nouvelle loi dont voici le premier article :

«L'état d'esclavage est aboli sur les territoires

dépendant de la monarchie portugaise, à partir du jour de la promulgation du présent décret.»

Mais le troisième article décide que les esclaves affranchis devront leurs services aux personnes qui les possédaient auparavant ; ce qui rend la loi parfaitement inefficace. Un homme placé dans cette position est ni plus ni moins qu'un esclave, de quelque nom qu'on veuille l'appeler.

Ce n'est pas seulement dans les établissements portugais de la côte orientale d'Afrique que subsiste l'esclavage, mais aussi, autant qu'on peut le savoir, dans la petite île Saint-Thomas, sur la côte occidentale.

Pas plus tard qu'en 1866, un système nouveau de traite fut inventé pour cette île sous le nom de *libertos*.

Le Portugal devrait aujourd'hui rendre un décret par lequel dans toutes ses possessions l'esclavage serait regardé comme une violation de la loi, et la traite comme un acte de piraterie. Par ce moyen, et par celui-là seul, le Portugal pourra faire honneur aux engagements qu'il a pris dans les traités, et faire jouir ses sujets du grand bienfait de la liberté. Le Portugal a été le premier à introduire l'esclavage et la traite ; qu'il ne soit pas le dernier à les abolir.

Un fait pourtant est à l'honneur du roi qui gouverne aujourd'hui le Portugal, et de ses ministres : ils ont aboli la traite qui se faisait entre Macao et le Pérou. Il est humiliant de reconnaître que les vaisseaux anglais employés à ce trafic étaient plus nombreux que ceux de toute autre nation.

Il n'est pas non plus très-glorieux pour nous de savoir qu'au moment où le gouvernement anglais était en pourparlers avec le Portugal pour la suppression de la traite des coolies à Macao, il négociait lui-même avec le vice-roi de Canton le rétablissement de ce trafic au profit des Indes occidentales. Cette négociation ayant abouti, il serait intéressant de dire au public combien de marchands d'esclaves anglais, n'ayant plus rien à gagner à Macao, ont entrepris le commerce des Chinois à Demarara et dans les autres colonies anglaises. Un grand nombre de vaisseaux qui servent à ce commerce ont été construits dans des ports anglais ; ils sont munis de chaînes en fer et des autres accessoires des vaisseaux à esclaves. On ajoute ces accessoires lorsque le vaisseau est sorti des eaux anglaises et qu'il arrive auprès du port où il doit embarquer des esclaves.

CHAPITRE IV

Esclavage au Brésil. — Diminution rapide du nombre des esclaves. — Proportion extraordinaire des décès. — Inefficacité de la loi d'abolition de 1871. — Nécessité urgente de l'affranchissement

On croit en général, mais à tort, que l'esclavage a été aboli au Brésil. L'empereur chrétien du Brésil gouverne encore la population d'esclaves la plus nombreuse qui soit au monde.

Le nombre des esclaves existant présentement dans ses États est d'un million et demi. En 1818, d'après un recensement fait par l'ordre du roi Jean, ce nombre était de deux millions. C'est là une diminution d'un demi-million. Encore faut-il compter les nouveaux esclaves introduits au Brésil et amenés d'Afrique entre 1818 et 1851 ; pendant la plus grande partie de cette période, la traite des esclaves a continué en violation des traités avec la Grande-Bretagne.

Sir Thomas Fowell Buxton, mort aujourd'hui, estimait, en 1839, le nombre d'Africains introduits au Brésil au chiffre de cent mille par an.

Il écrivait en 1839 les lignes suivantes : « D'après mes conjectures, cent mille individus ont été amenés par an dans les cinq ports du Brésil.

Si l'on me demande des affirmations et non des conjectures, et s'il faut les réduire à ce que je puis prouver, j'ai établi déjà que soixante-dix-huit mille trois cent trente et un individus ont été déposés à terre dans cinq ports du Brésil, dans la période de douze mois qui s'est terminée au 30 juin 1830. »

Qu'est-il advenu de ce demi-million d'hommes disparus et de ces nouvelles victimes qu'on a vues venir chaque année, pendant si longtemps, au nombre de soixante-dix à cent mille? Quelles causes ont produit de semblables pertes? Les affranchissements particuliers ont été nombreux; mais ici leur nombre ne peut matériellement entrer en ligne de compte.

M. Passy parlant, à ce sujet, à l'Académie des sciences de Paris, en 1870, a établi, sur l'autorité de M. de Gobineau, ministre de France auprès de l'empereur du Brésil, que le nombre des esclaves existant alors au Brésil était de deux millions au lieu de quatre millions existant en 1852. Que ces chiffres soient parfaitement exacts ou non, on ne saurait douter qu'il n'existe une mortalité que n'explique ni le climat du pays particulièrement adapté à la constitution de la race nègre, ni aucune autre raison satisfaisante. Étant donnée une aussi effrayante décroissance dans la population laborieuse du pays, il n'est pas étonnant que les hommes d'État brésiliens aient senti la nécessité d'encourager l'immigration dans leur pays. Ils ont fait beaucoup d'efforts en ce sens, mais sans succès jusqu'à présent. Dans tous les pays, l'esclavage, en déshonorant le travail, écarte des champs les hommes libres : c'est ce qui se passait dans les États du sud de l'Amérique avant la guerre civile. Les émigrants de toutes les parties du monde se pressaient dans les États libres, mais délaissaient invariablement les États esclavagistes.

Devant ces faits, évidents pour tout spectateur désintéressé, l'homme d'État brésilien ferme les yeux. L'empire du Brésil est presque le plus grand du monde; il renferme des contrées vierges et des ressources qui semblent disposées par la Providence non-seulement au profit du peuple brésilien, mais de toutes les nations civilisées.

A tous les points de vue, une loi qui détruirait complétement l'esclavage serait du plus haut intérêt pour le Brésil. Tout faisait espérer, en 1871, qu'une mesure de cette sorte allait être prise; un *bill* avait été préparé; quoique défectueux et insuffisant, il avait été préparé en toute bonne foi pour mettre fin à l'esclavage. Mais un autre parti brésilien reprit le pouvoir et, quoique originairement opposé à l'esclavage, il voulut, par un compromis, éviter un danger qui lui paraissait pire encore.

Ainsi la loi qui fut votée est telle que sous son empire l'esclavage peut encore durer cinquante ans. Les esclaves appartenant à l'État et aux maisons religieuses sont mis en liberté; mais la grande masse des esclaves est laissée pour la vie, sans espoir, dans la servitude. Les enfants nés de mères esclaves doivent être libres, mais « ils resteront dans la puissance et sous l'autorité des propriétaires jusqu'à l'âge de vingt et un ans ».

Les nobles cœurs ne manquent pas au Brésil ; le préjugé de race et de couleur n'y existe pas : aussi nous entrevoyons moins de difficulté que partout ailleurs à rompre avec le mal. D'ailleurs personne n'ignore à quel point l'empereur souhaite de voir l'esclavage banni de ses États.

Si l'on veut achever cette réforme en toute sûreté, il faut l'entreprendre à temps ; car tôt ou tard la Providence reprend ses droits.

CHAPITRE V

La traite des esclaves en Asie. — Les coolies dans les colonies françaises. — Dans les Indes occidentales anglaises et dans l'île Maurice. — Les Chinois au Pérou.

L'attention du monde entier a été impérieusement attirée vers l'Afrique; mais n'oublions pas qu'une traite nouvelle a surgi depuis quarante ans sous le nom d'immigration.

L'illustre Charles Sumner, qui n'est plus aujourd'hui, l'avait dit admirablement : « Le vieil ennemi s'est levé sous une forme nouvelle. »

Il nous écrivait de Boston le 8 septembre 1869 :

« Mon cher M. Cooper,

« Je reçois avec plaisir votre lettre du 4 août, et je suis heureux de voir nos amis anti-esclavagistes agir contre le vieil ennemi renaissant sous une autre forme (le système contractuel de la main-d'œuvre).

« Conformément à votre conseil, j'ai prié le ministère d'État de faire faire à nos consuls et à nos agents consulaires les enquêtes nécessaires.....

« Je vous envoie la lettre du sénateur brésilien Nabuco sur l'émancipation; elle m'a été transmise sur la demande du sénateur lui-même par la légation brésilienne.

« En y répondant, j'ai cru de mon devoir de dire au sénateur qu'il n'allait pas encore assez loin ; que la continuation de l'esclavage, vicieuse en elle-même, était d'ailleurs incompatible avec la civilisation de notre temps ; qu'il fallait une bonne fois en finir avec l'esclavage. Sur ce point je n'hésite pas. L'esclavage va finir à Cuba. Il ne peut durer au Brésil. La terre sera plus belle quand elle sera lavée de cette horrible tache.

« Je regrette que vous n'ayez pas saisi le vrai caractère de mon discours. C'est un effort honnête pour dépeindre notre situation telle que l'Angleterre doit la voir. A mon sens, le premier devoir de l'homme d'État, c'est d'apaiser tous les griefs qui existent entre les deux pays ; et pour les apaiser il faut avant tout les bien comprendre.

« Il faut reconnaître le mal avant de discuter les remèdes.

« J'obéis, aujourd'hui encore, à cet amour de la paix, que je porte depuis ma jeunesse dans mon cœur et qui lui est si cher. Je me plains de l'Angleterre parce qu'elle ouvre la porte à la guerre ; ce qu'à Dieu ne plaise !

« Croyez-moi, mon cher ami,

« Votre sincèrement dévoué

« CHARLES SUMNER. »

Combattre l'émigration libre d'une partie du monde dans l'autre serait une folie. Combattre l'esclavage, quelque nom qu'il prenne, est une nécessité.

On peut admettre que le système actuel d'immigration n'est pas également funeste à tous les pays; mais dans tous, il est certains faits qui ne souffrent pas l'examen. Le grand mal du système actuel d'immigration, c'est qu'il convertit l'*homme en une propriété.* Avant de s'embarquer, l'immigrant signe un contrat, et le contrat signé, l'homme devient la propriété d'un autre homme. Le contrat devient pour l'immigrant une corde au cou lorsqu'il arrive à destination et fait de lui une valeur négociable tout comme s'il était un esclave ordinaire.

En fait, les immigrants sont achetés et vendus comme du bétail; et dans certaines contrées les planteurs se demandent quel est le *cours du jour* pour les coolies, comme un marchand demanderait à Londres ou à Paris le taux de l'escompte ou le prix des fonds.

On a souvent décrit la condition déplorable des immigrants chinois à Cuba. Le capitaine Trench Townshend a consigné dans un récent ouvrage le résultat de ses observations personnelles.

« A Cuba, a-t-il dit, le destin de l'esclave africain est horrible; pourtant celui du malheureux Asiatique qui sert par contrat m'a frappé comme plus pitoyable encore.

« La face blême, l'apparence débile, le regard abattu des misérables Chinois, étaient tout à fait pénibles à voir. Après avoir joui des bienfaits de la liberté, jusqu'au moment où la misère l'a poussé à quitter son pays natal, le malheureux Chinois est maltraité d'une manière épouvantable, pendant la traversée, et arrivé à Cuba il est acheté, vendu, soumis au fouet, et forcé à travailler comme les esclaves nègres. Son intelligence naturelle, son instinct inné de liberté, résistent à un semblable traitement; tantôt il s'enfuit et entreprend quelque commerce dans les grandes villes; tantôt il végète, misérable créature, le cœur brisé. La loi défend qu'on le fouette, ou qu'on cède le marché sans son consentement. Mais, sur ces deux chefs, la loi est éludée, et le Cubain vend et bat ses Chinois ouvertement et impunément. J'ai demandé ce que devenait le Chinois quand les sept années de son contrat sont écoulées; on m'a répondu que le gouvernement en prenait alors possession, et c'est ainsi que le malheureux Chinois ne recouvre jamais sa liberté, pas même après sept ans ou plus.

« Quant à la prohibition absolue d'importer des coolies aux Indes occidentales espagnoles, et aux efforts de la flotte anglaise pour empêcher ce trafic et accorder une protection efficace aux pauvres Chinois, personne parmi les mieux informés ne semblait s'en douter. »

LES COLONIES FRANÇAISES

Dans les colonies françaises, l'oppression existe; les coolies (1) sont une valeur négociable et ne reçoivent aucune protection efficace. Une commission d'en-

(1) Le nom « *coolie* » s'applique indifféremment aujourd'hui aux *engagés* soient-ils Chinois, Hindous, ou insulaires du Pacifique du Sud.

quête sur l'ensemble de la question fut réunie à Paris l'année dernière, sur la demande de l'auteur de l'abolition de l'esclavage dans les colonies françaises en 1848. Le rapport est préparé, il n'est pas encore imprimé; mais il contiendra, dit-on, une triste description de l'état des choses. Les coolies ne sont guère plus heureux chez les Français que chez nous (1).

On peut en juger par le rapport du sous-secrétaire d'État pour les Indes au sujet des coolies de la Réunion, rapport provoqué l'été dernier par Édouard Jenkins, esq., M. P. à la demande de la *Société protectrice des aborigènes*.

Le rapport établit que, en 1871, le consul a reçu 771 plaintes. De ces plaintes 319 étaient pour non-payement de gages; 30 649 francs étaient réclamés; 6530 francs étaient recouvrés. Il y avait 230 accusations de mauvais traitements, parmi lesquelles six furent trouvées fondées, et 137 accusations de violation de contrat, sur lesquelles 55 étaient fondées.

Pour 85 plaintes moins importantes la statistique n'a pas été complétée. Dans ces deux dernières années des plaintes au sujet de l'exigence de trop nombreuses heures de travail ont été formulées en particulier auprès du consul.

Il est évident que les plaintes n'arrivent au consul que lorsqu'elles sont aggravées d'abus exceptionnels,

(1) Nous sommes heureux de savoir d'une source authentique que pendant ces dernières années l'administration actuelle des colonies françaises s'est occupée consciencieusement de l'amélioration du sort des coolies.

et tout porte à croire que la police intervient encore pour empêcher d'approcher du consul ou pour châtier ceux qui soutiendraient leurs droits. Mais les rapports, cela est connu, ne visent qu'un côté des choses ; le secrétaire d'État était pressé d'éclaircir la question tout entière ; il ne faut pas d'après lui porter un jugement définitif.

Voici des faits qui parlent d'eux-mêmes :

En 1868, 19 069 individus étaient en prison, 10 694 envoyés aux *ateliers de discipline*. C'est dire qu'il y avait 29 763 cas de répression sur une population de 180 000 âmes. D'après le capitaine Segrave 75 0/0 de ces condamnations frappaient les travailleurs et 80 0/0 de ces travailleurs étaient des Hindous. Il a estimé que le tiers de la population des coolies hindous était constamment en prison. Cette affirmation sans doute ne peut être acceptée que sous bénéfice d'inventaire, mais elle rappellera au lecteur quelle était la situation dans les Indes occidentales anglaises, pendant l'apprentissage qui a précédé l'abolition totale de l'esclavage.

La condition des coolies dans les autres colonies françaises, Cayenne, la Guadeloupe, la Martinique, a été décrite dans la presse ; elle est pour le moins aussi mauvaise qu'à la Réunion.

L'ILE MAURICE ET LES INDES OCCIDENTALES ANGLAISES

Dans les Indes occidentales anglaises, la condition des coolies varie beaucoup. Dans aucune des îles cette condition n'est satisfaisante ; à Maurice, la cruauté, l'oppression, sont la règle générale.

Ce fait a été nié par quelques personnes qui ont résidé à Maurice et doivent cependant savoir ce qui s'y passe. Malheureusement pour elles, le rapport de la commission de police et d'enquête, instituée par le gouverneur sir A.-H. Gordon, rapport qui constitue un gros et important volume, a confirmé d'une manière générale toutes les accusations portées contre le régime actuel.

Ces accusations sont résumées dans une pétition adressée au gouverneur et signée par plus de neuf mille anciens immigrants, c'est-à-dire immigrants qui avaient travaillé au delà de la période de service convenue, et qui par conséquent auraient dû redevenir hommes libres. C'est une oppression effroyable et qui trouve à peine un point de comparaison dans les temps modernes.

Sans doute, afin d'amener le coolie à signer un second contrat, tous les obstacles ont été accumulés devant lui pour l'empêcher de se soutenir lui-même par un travail libre. Il ne peut remuer sans un laisser-passer. Partout il doit porter son signalement et son portrait; il ne peut même travailler sans une permission ; la police peut l'arrêter partout et entrer dans sa demeure à toute heure du jour et de la nuit.

Il doit produire toutes ses pièces, et s'il y manque quelque chose, même sans sa faute, il peut être aussitôt jeté en prison.

Un Français, M. de Plevitz, a rendu un grand service à l'humanité lorsqu'il a facilité aux coolies le moyen de porter plainte.

Le rapport de la commission commence en ces termes : « Nous avons trouvé que les affirmations de la pétition, quoique exprimées sous une forme excessive, sont justifiées la plupart du temps par la législation telle que l'établit l'ordonnance de 1867 et les règlements exécutifs qui l'ont suivie. »

Les membres de la commission proposèrent l'abrogation d'un grand nombre des règlements oppressifs et la suppression des taxes suivantes : une livre sterling pour le laisser-passer, cinq shillings pour le permis de travail, deux shillings pour la photographie, enfin une livre sterling imposée aux journaliers. On ne sait encore ce qui a été adopté. Une commission royale établie en juin 1872 n'a pas encore présenté son rapport; la maladie de son président a été la triste cause de ce retard.

Il est trop tard à présent pour nous appesantir sur l'origine du système coolie dans les Indes occidentales anglaises. Quand l'émancipation fut réclamée, l'esclavage fut rayé des institutions, mais il demeura dans les mœurs et dans l'âme d'un peuple qu'il avait corrompu.

De faibles gages, des payements irréguliers, parfois nuls, des chaumières louées à des prix exorbitants, des exactions frauduleuses portèrent les travailleurs à chercher à gagner ailleurs leur vie. De là le besoin de main-d'œuvre, dans les limites où il s'est fait sentir, et la tentative d'y subvenir à bon marché. Mais le régime actuel, qui débute par une fraude et fonctionne grâce à des violences, est en même temps le plus coûteux peut-être qu'on pût choisir. L'excellent pasteur Henry Clark dit qu'il a souvent causé, de la Trinité à la Jamaïque, avec les plus intelligents parmi les coolies; il n'en a jamais rencontré un seul qui ne lui fît le même récit : on l'avait trompé dans l'Inde ; et il ne pourra jamais regarder son émigration à la Jamaïque que comme une calamité.

LES CHINOIS AU PÉROU

Aucune parole humaine ne peut donner idée du sort des Chinois au Pérou. Ce régime a commencé en 1849. Entre 1849 et 1869, il paraît certain que quatre-vingt-dix mille Chinois sont morts au Pérou. Quelles sont les causes qui ont produit cette étonnante mortalité?

Les véritables causes, à notre avis, sont exposées dans une note importante soumise l'an passé par M. Murrow à une réunion de la Société pour le développement de la science sociale. « Je ne saurais donner d'une manière certaine le nombre de coolies envoyés de Chine au Pérou, depuis 1849 jusqu'à présent, mais il dépasse assurément de beaucoup cent mille. On ne peut estimer que par des conjectures le nombre de ceux qui survivent aujourd'hui. Je suis à peu près assuré qu'un centième à peine a été rapatrié. (Et pourtant les contrats ne stipulent qu'une servitude de cinq ans.) Ainsi le nombre de ceux qui sont encore au Pérou indiquera probablement le résultat cherché. Je crois qu'on sera bien au-dessus de la réalité en disant dix mille. » (*La Traite des coolies de la Chine au Pérou.*—T. J. Murrow, Esq.)

M. Murrow établit que la mortalité sur les vaisseaux d'immigration dans la traversée entre la Chine et le Pérou est de 25 °/₀. Mais c'est après l'arrivée au Pérou que règne la plus grande mortalité. Les coolies employés à l'extraction du guano sont excités au travail à coups de fouet. Les contre-maîtres sont de grands nègres africains « armés d'un fouet à quatre lanières de peau de vache, longues de cinq pieds, épaisses d'un pouce et demi, terminées par une pointe ». Cette arme est peu employée pendant la première partie de la journée, mais vers quatre heures du soir elle sert continuellement pour activer les coolies qui, par faiblesse ou pour toute autre cause, cesseraient d'accomplir la tâche qui leur est échue.

La plus légère résistance est punie du fouet, correction qui n'est autre chose qu'un meurtre dissimulé. Les six ou douze premiers coups suffisent à étouffer les cris de détresse qui éclatent d'abord ; on ne lie point ; un coup de lanière invite le Chinois le plus voisin à saisir une jambe ou un bras et à étendre le patient sur le ventre, la figure dans le guano. Chaque coup de fouet, dont la violence fait trembler le corps, noircit la chair et la coupe comme ferait un sabre ; s'il y a un mouvement convulsif, un serviteur appuie le talon de sa botte sur les épaules de la victime et retient à terre son corps frémissant.

A ce sujet, en commentant le remarquable discours de sir Charles Wingfield à la Chambre des Communes en 1873, le *Times* disait :

« Au Pérou, le sort des coolies est encore plus épouvantable. On les envoie travailler dans les puits à guano, sur les îles qui produisent cette infecte marchandise ; on les bat, on les enchaîne, on les vend de maître à maître, absolument comme jadis les nègres des plantations de sucre dans les États du Sud. Il y a une force militaire pour les garder et réprimer toute violence à laquelle, poussés par le désespoir, pourraient se livrer les hommes, même les plus patients et les plus timides. Il n'y a d'espoir d'évasion pour eux qu'en se donnant la mort ; aussi le suicide est-il une pratique générale régulièrement prévue dans le compte des profits et pertes de l'exploitation. Cette hideuse peinture, dans ses ignobles lignes et ses honteuses couleurs, a été confirmée froidement par le témoignage de la correspondance officielle qui a été soumise au Parlement.

» Après une soigneuse enquête, je suis autorisé à

dire que le sort de ces malheureux Chinois, enlevés violemment à leurs foyers par les propriétaires du Pérou, qui les emploient par masses, est plus dur que celui des esclaves qui existaient autrefois aux États-Unis (1). »

Recruter des hommes libres en Chine, les emprisonner dans des baraques, les garder avec des soldats, les forcer à signer des contrats, les emmener au Pérou, et, à l'arrivée, les contraindre à travailler dans des puits à guano, c'est une conduite qu'aucun homme ne semblait pouvoir excuser; et pourtant il s'est trouvé des apologistes qui nous montrent que le guano aussi bien que l'or peut aveugler un homme.

Lorsque des faits de cruauté et d'oppression existant au loin sont relatés dans la presse, ils sont fréquemment suivis de démentis donnés par ceux qui ont visité le pays où ces abus se sont passés. Le Pérou n'a pas fait exception à cette règle. Il arrive que des témoins oculaires, qui ont visité quelques-unes des plus vastes *haciendas* de ce pays, affirment au public que tout y est pour le mieux. Les propriétaires, dit-on, à la ville comme à la campagne, sont les gens les meilleurs et les plus raisonnables de la terre. Le gouvernement du Pérou est tout paternel, il veille avec la sollicitude la plus grande à la vie et au bien-être des Chinois.

On ne peut pas supposer que ces affirmations soient complétement fausses, ni même, dans une certaine

(1) Témoignage de M. le ministre des États-Unis à Lima (1873).

mesure, qu'elles n'aient pas été publiées avec une entière bonne foi.

Parmi les centaines d'établissements qui existent au Pérou, il y en a assurément quelques-uns où la bonté et la justice sont la règle. Non-seulement dans ces établissements le voyageur ne voit rien de choquant, rien même qui ne s'allie parfaitement avec le sentiment qu'il a de la dignité humaine (pendant sa visite, il va sans dire qu'on a donné congé à tout le monde; il reçoit une cordiale hospitalité, et retourne dans son pays, chaleureux avocat de tous ceux qui sont accusés d'abus qui à ses yeux n'existent pas, parce qu'on a su les lui cacher. Il n'a vu que la surface des choses, et ses impressions sont en contradiction flagrante avec les témoignages privés ou officiels de ceux qui résident au Pérou.

Ces remarques s'appliquent aussi à ce qui s'est passé dans les colonies anglaises et les pays étrangers. La même chose est arrivée dans notre pays pendant la lutte pour l'abolition de l'esclavage aux Indes occidentales.

Le nombre de ces témoins oculaires qui revinrent enthousiasmés du bonheur et de la prospérité parfaite de l'esclave fut si grand que le travail de l'abolition sembla entravé dans sa marche et il le serait sans doute encore si la Providence n'avait pas permis que la mortalité augmentât aux Indes occidentales. Lorsque l'on montra, d'après le recensement, une diminution de 53 000 âmes en onze ans, les arguments en faveur de l'esclavage perdirent de leur force.

Un nouveau traité vient d'être négocié entre l'empereur de la Chine et le gouvernement péruvien pour la continuation ou le renouvellement du trafic des coolies chinois.

Toutes les clauses du traité, à une exception près, ont une apparence satisfaisante; mais il est à regretter qu'on se soit hâté de conclure avant la fin de l'enquête faite au Pérou par une commission chinoise.

Le chargé d'affaires anglais à Pékin a pris part à cette négociation. On ne peut révoquer en doute la loyauté de ses intentions, mais, comme il ne suffit pas de régir la matière pour mettre fin aux mauvais effets du système actuel, il est profondément regrettable que notre envoyé n'ait pas compris que sa mission lui imposait l'obligation de s'opposer à la rédaction d'un traité, quel qu'il soit. L'enquête faite au Pérou par la commission chinoise s'est terminée, bien entendu. Les membres de la commission rentrèrent à Shang-Haï; ce fut le premier effet malheureux du nouveau traité. Il a été convenu qu'une nouvelle commission serait formée, mais il ne faut pas s'attendre à ce qu'elle vaille mieux que la première.

Il aurait fallu se rappeler l'histoire du Pérou depuis vingt-cinq ans, se rappeler les promesses d'améliorations que le gouvernement péruvien a prodiguées et qui n'ont jamais été suivies d'aucun effet. Dans les inventaires de propriétés à vendre, les coolies figurent encore à côté des moutons, des bœufs et des cochons; aucun traité ne peut servir de remède à l'état présent, le système est mauvais, et c'est du contrat signé en Chine que vient le mal.

On dit que le gouvernement péruvien a résolu de se charger lui-même de l'immigration, pour éviter à l'avenir l'effroyable mortalité qui régnait en mer. Cette mesure peut réussir dans les limites qu'elle comporte, mais elle ne répond pas aux principales objections contre le régime actuel. L'immigrant entre esclave au Pérou, il ne peut choisir ni son maître ni son métier, il est vendu et acheté au prix courant.

Les défenseurs du régime prétendent que beaucoup de Chinois ont prospéré à Lima, la capitale du Pérou. Il serait étonnant en effet que, sur un nombre aussi considérable, quelques-uns n'aient pas survécu et réussi. Mais la proportion de ceux-là est si minime, qu'elle ne peut suffire au succès de la défense.

Il existe à Lima un certain nombre de respectables marchands Chinois, cela est vrai, mais la plupart d'entre eux sont des Chinois de Californie, libres émigrants qui n'ont jamais été amenés au Pérou liés par un contrat de travail.

La *Patria*, journal péruvien, faisait, il y a un an environ, la remarque suivante :

« Les châtiments corporels appliqués aux Asiatiques pour une faute quelconque sont extrêmement sévères; ils consistent en coups de fouet donnés avec une cruauté qui rappelle et dépasse même le knout des Russes, tel qu'il se pratiquait au temps du servage.

« Les surveillants qui gardent les Asiatiques sont

moralement très-inférieurs à ceux dont l'infamie a été immortalisée par les écrivains anti-esclavagistes.

« Des centaines de ces ouvriers, après le travail du jour, regagnent leurs cabanes, chargés de chaînes, comme les galériens qui subissent leur condamnation aux travaux forcés. De quel droit les maîtres des coolies usent-ils de ces pénalités ou de ces moyens de sécurité, comment pourront-ils se justifier?

« Le système d'alimentation est absolument insuffisant pour la conservation et la restauration des forces ; ce fait explique, en grande partie, le nombre de Chinois aveugles que nous voyons dans nos rues.

« Puisse le patriotisme péruvien recueillir nos paroles, puisse la charité chrétienne, qui sans doute existe en ce pays, entendre ce que nous allons dire : *L'esclave nègre dans les sucreries de Cuba n'est pas si malheureux, tant s'en faut, que le coolie, lié par un contrat, qui vient labourer les champs du Pérou.* »

CHAPITRE VI

Les îles Fiji. — Le système contractuel de la main-d'œuvre.

L'acte polynésien pour le travail a été promulgué aussitôt après l'annexion des îles Fiji aux possessions anglaises (1868). D'après la proclamation du gouverneur provisoire, cet acte doit être la loi qui règlera l'importation du système de la main-d'œuvre à Fiji ; il doit pourtant, dans certaines parties principales, recevoir des modifications. Ces modifications annoncées sont évidemment mal définies pour le moment. Mais l'acte est mauvais en principe, et, à bien des points de vue, il est tellement entaché d'arbitraire et de fourberie qu'on ne peut le voir sans regret introduit aux îles Fiji ; cet acte, c'est un fait généralement partout reconnu, a manqué l'effet que se proposaient ceux qui l'ont rédigé.

Quand il fut apporté pour la première fois de Queensland, en Angleterre, il fut étudié dans ses principales dispositions par M. Chamerovzow, qui avait exercé longtemps avec talent les fonctions de secrétaire de la société anti-esclavagiste. Le résultat de cette étude fut présenté officiellement au duc de Buckingham, alors secrétaire d'État pour les colonies. Les affirmations de M. Chamerovzow n'attirèrent pas alors l'attention qu'elles méritaient, mais, depuis, les effets de l'*acte* ont bien confirmé le jugement qu'il en avait porté.

Depuis la promulgation de l'acte, on a vu le massacre de l'équipage du *Carl* et beaucoup d'autres atrocités; quelques-unes des îles ont été dépeuplées, et partout la vie des blancs est moins sûre qu'auparavant.

Il est profondément regrettable que l'acte *Brisbane* ait été aussi précipitamment introduit aux îles Fiji. En effet, s'il en faut croire des récits faits récemment par plusieurs personnes habitant ces îles, la plupart des districts les plus éloignés sont aujourd'hui le théâtre d'oppressions et de cruautés que n'a jamais dépassées dans les plus mauvais jours la plus pervertie parmi les colonies à esclaves.

Le comte de Carnarvon a fait un choix très-sage en nommant sir Arthur Hamilton Gordon gouverneur des îles Fiji. Son Excellence a fait ses preuves, et chacun sait qu'elle possède au plus haut point toutes les qualités requises pour occuper un poste aussi difficile : mais il eût été assurément plus sage de lui avoir remis le gouvernement avant d'être engagé dans une voie où il sera désormais difficile de reculer.

Il fallait, sous la protection de l'Angleterre, laisser la liberté la plus absolue aux îles Fiji, et non rédiger des règlements de travail qui créent une population à moitié libre, à moitié esclave.

Ni traités, ni lois, ni règlements, ne parviendront

à supprimer les inconvénients du système actuel. Le système contractuel est la racine du mal, et doit être arraché. Les ignorantes victimes de ce système ne peuvent comprendre le sens des contrats, aucune explication ne peut les rendre capables de le comprendre, tout le monde le reconnaît. Les immigrants sont presque toujours dans l'ignorance la plus complète de la langue du pays où on les mène, du genre d'ouvrage que l'on exige d'eux, du prix de la vie, du climat. L'évêque Patteson (1) dit au sujet des habitants des îles du Sud : « Je ne crois pas possible pour aucun négociant de faire de *bonne foi* un contrat avec les indigènes. » Les contrats sont entachés de mauvaise foi, et comme tels n'obligent pas moralement ; cela étant, on ne devrait pas emmener les travailleurs hors du pays où le travail doit être fait. Si le contrat est fait, la loi ne devrait pas le rendre obligatoire. Cette précaution éviterait beaucoup des maux du système actuel, et l'on verrait émigrer d'une île à l'autre des travailleurs sérieux. Le gouvernement des États-Unis ne reconnaît pas ces contrats et regarde comme pirates les navires américains qui porteraient des coolies liés par un contrat de travail vers quelque pays que ce fût.

Dans les pays où la loyauté et la justice sont en général pratiquées, de pareils contrats ne sont pas nécessaires ; ils le deviennent seulement quand le travail est forcé, et mal payé.

(1) Voyez Note B.

Laissons parler sur ce point sir C. Wingfield :

« L'émigration que j'attaque, c'est l'émigration provoquée par l'embauchage, par l'incarcération, c'est l'intervention des agences, c'est le système contractuel, qui est un simple moyen de coercition ; ces procédés, en effet, ne sont pas nécessaires dans les pays qui présentent un attrait réel aux travailleurs émigrant librement. C'est à ce sujet que sir F. Bruce a écrit les lignes suivantes : « Quel est le « but d'un Chinois qui émigre? Faire fortune. Dans « les conventions relatives aux possessions des Dé- « troits, on donne plein jeu à ses prétentions en lui « louant du terrain pour la culture du sucre ; mais il « ne veut pas être assimilé à un esclave, surtout s'il « s'aperçoit qu'on l'a trompé pour obtenir son travail « à un prix inférieur. »

Cette remarque est la clef de toute la question.

Un homme émigre ; c'est qu'il veut rendre sa condition meilleure et non pire. Dans les pays que j'ai nommés il y a des Chinois en foule. Entre la Chine, et la Californie spécialement, il y a continuellement un va-et-vient de population chinoise. Ils vont, ils reviennent, profitant des magnifiques *steamers* qui font le service de ces contrées. Il n'y a pas eu jusqu'à ce jour d'exemple d'une mutinerie à bord de ces navires, et la mortalité n'y est pas plus grande que sur la terre ferme. C'est ce que nous affirme sir R. Mac-Donnell, qui a voyagé en compagnie de douze cents coolies sur l'un de ces steamers. Une semblable émigration est avantageuse aux Chinois eux-mêmes ;

mais ce que je nie, c'est qu'aucune idée de progrès ni de civilisation puisse entrer dans un système où les *soi-disant* émigrants sont enlevés, enfermés, et passent leur vie dans l'esclavage, sous des maîtres qui n'agissent que par cupidité.

Le gouvernement du Japon a récemment défendu absolument ces contrats, se fondant sur leur immoralité. Les États-Unis d'Amérique ont bien montré ce qu'ils pensaient de ces contrats et de leur malhonnêteté ; un acte du congrès décide que le transport sur un navire américain des Chinois liés par un contrat sera regardé comme un délit grave. Le *Times* se demande pourquoi l'Angleterre ne suit pas cet exemple ; elle éviterait ainsi toute complicité avec les marchands d'esclaves et les *voleurs d'hommes*.

Que faudrait-il pourtant pour engager les immigrants à se rendre en foule dans ces pays où la main-d'œuvre manque, et où les travailleurs sont sûrs d'augmenter leur fortune ? Il faudrait payer le travail, organiser les transports à bon marché, assurer des secours aux parents des immigrants.

Dans les derniers temps où l'esclavage régna dans les Indes occidentales anglaises, on disait comme axiome : « Des gages ou le fouet » ; aujourd'hui l'on pourrait changer l'un des termes et dire : « Des gages ou le système contractuel. »

Ajoutons un dernier détail : l'un des dangers du système est de créer un *servage temporaire*. Quand une propriété est vendue, les coolies sont vendus eux aussi avec le reste du bétail; ils n'ont pas plus le droit de choisir leur maître que ce bétail lui-même. On peut voir ainsi qu'au moment même où une grande nation abolit le servage, une autre l'établit.

Parmi les choses qui ont fait honneur à l'Angleterre dans ces dernières années, aucune peut-être ne lui a attiré autant de gloire que le fait d'avoir aboli l'esclavage et la traite. Les efforts, les sacrifices qu'elle a faits pour anéantir ces fléaux, lui ont attiré le respect de toutes les nations et lui ont donné l'influence nécessaire pour achever son œuvre.

Mais si l'Angleterre ne modifie radicalement sa ligne de conduite, cette influence sera, sinon détruite, du moins bien diminuée. Il n'en pourra être autrement, si le vrai caractère et les dangers du système contractuel sont connus de tout le monde. Cette conséquence ne peut être évitée, quels que soient les arguments que l'on puisse faire valoir en faveur du système. Le plus fort peut-être de ces arguments, c'est que le revenu des colonies a été augmenté; mais on pouvait l'invoquer aussi en faveur de l'esclavage. En fait, c'était l'argument des marchands d'esclaves; admettait-on qu'il pût justifier l'esclavage, tout appel à des considérations morales et aux intérêts de l'humanité devenait superflu. Néanmoins on se tromperait fort en croyant que des moyens honnêtes ne pourraient pas augmenter la prospérité de nos colonies. En tout cas, un intérêt pécuniaire ne doit pas écarter toute autre considération, et aveugler le pays au point de lui cacher les crimes, la misère, la mortalité, qui sont l'œuvre du système contractuel.

Aux États-Unis et dans plusieurs autres pays, les coolies arrivent en grand nombre, ils sont libres et leur travail est payé un prix raisonnable. Si l'Angleterre veut que ses colonies ne manquent pas de main-d'œuvre et ne soient pas immoralement administrées, il faudra qu'elle en vienne à ce système.

Le gouvernement anglais a l'habitude de défendre l'introduction des coolies dans les colonies à esclaves. Pourquoi cette coutume n'a-t-elle pas été appliquée à Fiji, où le fléau de l'esclavage règne encore, on le sait? Dans une lettre écrite récemment au *Fiji-Times*, le Rév. Frédéric Langham, président du district des missions *Wesleyennes*, cite, avec détails, un grand nombre de faits de cruauté et d'oppression ; il montre clairement « que l'esclavage, dans ses traits principaux, existe à Fiji avec un caractère odieux et révoltant ».

Ne croyez pas que l'*acte de protection des îles de la mer du Sud* anéantira en Polynésie cette nouvelle forme de la traite. On peut se faire une idée des effets de cet acte par la lettre suivante que nous écrivait dernièrement le Rév. R.-H. Codrington, successeur du regretté évêque Patteson :

« Le 30 août, nous étions à terre à Ureparapara; un vaisseau était arrêté dans le port ; c'était, nous dit-on, un *bon navire*, c'est-à-dire un fort navire commerçant ou quelque chose de ce genre. Nous n'y fîmes donc aucune attention, lorsque, revenant du village, l'on nous dit que c'était un *vaisseau voleur*, c'est-à-dire un vaisseau employé pour le transport des travailleurs. Plusieurs indigènes de la race que l'on appelle *Motlay*, s'apercevant qu'ils avaient été trompés, s'étaient sauvés à la nage pendant la nuit ; plusieurs autres désiraient s'évader aussi, mais avaient peur du capitaine.

« John Selwyn et moi nous nous rendîmes à bord de ce vaisseau, accompagnés d'un homme *Motlay* qui devait nous servir d'interprète pour communiquer avec les jeunes gens en question. Quatre jeunes gens, dont l'un était chrétien et sortait de notre école, déclarèrent devant l'agent du gouvernement, et par l'entremise de son interprète (car on ne voulut jamais se servir du nôtre), qu'ils ne voulaient pas aller à Queensland, qu'ils avaient été pris contre leur gré. Voici quelle avait été leur histoire : l'agent indigène les avait priés de venir à bord pour le voir ; une fois arrivés, on leur dit que tout avait été arrangé avec leurs amis, qu'il leur fallait partir, en un mot qu'ils avaient été *vendus*. Cette histoire était-elle exacte? C'est ce que ni moi ni personne ne pourrions dire. Ce que je puis affirmer, c'est que, lorsque ces enfants partirent pour monter sur le navire, ils ne dirent à personne autour d'eux qu'ils allaient à Queensland.

« Voici qui est plus remarquable encore : prévenu par son propre interprète, en anglais, que ces jeunes gens ne voulaient pas partir comme travailleurs, l'agent du gouvernement, dont la mission est pourtant de veiller à ce que les naturels ne partent pas sans avoir signé un contrat en bonne forme, refusa de mettre ceux-ci en liberté, attribuant leur désir de rentrer au pays à « *un caprice momentané* » ; ce sont ses paroles textuelles. A son retour de l'île de *Torres*, il promit de faire rentrer ces malheureux au pays, s'ils persévéraient dans ces dispositions ; il va sans dire qu'ils ne rentrèrent jamais. Quelle fourberie ! Cet homme maintient à bord des jeunes gens qui déclarent en sa présence qu'on les a trompés, qu'ils ne veulent pas partir ; il les maintient, dis-je, parce qu'il est convaincu qu'ils sont venus à bord dans l'intention de partir. Ces jeunes gens sont entraînés loin de leur pays, parce que M. Pelham Obbard, agent du gouvernement, se croit certain que ces jeunes gens désirent aller à Queensland, pendant qu'eux, de leur côté, affirment qu'ils ne sont montés sur le navire que pour rendre visite à un compatriote. »

La traite existe aussi aux îles Fiji. Le prix de la traversée entre les différentes îles et l'archipel Fiji est d'environ 20 à 40 *shillings* par tête. Sur le marché de Fiji, le prix d'un travailleur indigène acheté sans frais est de 10 ou 15 *livres sterling*. On donne à ce prix tout entier le nom de *frais de traversée*, mais en réalité il faut y comprendre les sommes données aux souverains et aux parents des victimes, et les bénéfices des embaucheurs. « Quand de jeunes Polynésiens arrivent à Leouka, on les vend aux planteurs comme tout autre article de commerce. »

Supposons que les États-Unis, et non l'Angleterre, aient soumis les îles Fiji à leurs lois : on n'eût pas vu s'établir le système contractuel avec toutes les fraudes qu'il entraîne après lui. L'esclavage et la traite n'auraient pu se développer dans les mers du Sud. Aucun être humain ne serait devenu une propriété. Le travail eût été raisonnablement payé; les insulaires se seraient bien vite aperçus qu'ils avaient intérêt à travailler aux îles Fiji ; et dans cette colonie, pas plus qu'en Amérique, pas plus aussi sans doute qu'en aucun pays vraiment libre, la main-d'œuvre n'aurait manqué.

CHAPITRE VII

L'esclavage à Cuba. — Traités pour l'extinction de la traite. — Destruction de la vie. — Caractères de l'esclavage dans les propriétés foncières. — Visite du capitaine Townshend. — Préjugés à la mode. — Conduite des noirs. — Témoignages des gouverneurs de la Jamaïque. — Iles Leeward.

Dans l'île espagnole de Cuba, il y a aujourd'hui environ 369 000 esclaves.

Entre l'année 1814 et l'année 1845, cinq traités ont été conclus entre l'Espagne et l'Angleterre pour la suppression de la traite. En 1817, époque du second traité, l'Angleterre paya 400 000 livres sterling à l'Espagne, sous la condition de l'abolition radicale de la traite. A cette époque, il n'y avait à Cuba que 199 145 esclaves.

A partir de cette date, pendant une période de cinquante ans, la traite a continué en violation de tous les traités.

Ce trafic, en effet, devrait être regardé comme une contrebande sous la loi espagnole depuis le traité avec l'Angleterre.

Jamais on ne saura exactement le nombre des esclaves amenés en violation des traités et subrepticement d'Afrique à Cuba. Sir Thomas Fowell Buxton estimait, en 1838, ce nombre à 60000 par an. Des habitants de l'île le fixaient à cette époque à 100 000 par an. On ne doit pas comprendre dans ce nombre ceux qui ont été massacrés en Afrique ou qui ont péri pendant la traversée.

Un examen attentif de tous les renseignements que l'on peut réunir permettrait de fixer au chiffre *minimum* de 1 250 000 le nombre des esclaves introduits à Cuba depuis les premiers traités.

Or, en prenant comme exact le dernier recensement, il manque 1 000 000 d'hommes. — Que sont-ils devenus?

Peut-être le capitaine Trench Townshend répond-il à cette question dans l'intéressant volume qu'il vient de publier (1).

Désireux de voir l'esclavage tel qu'il est, le capitaine Townshend obtint la permission de visiter une plantation de cannes auprès de la Havane.

« A la porte de la fabrique, on voyait cinquante ou soixante enfants nègres des deux sexes et âgés de six à douze ans, occupés à entasser des cannes sur l'*élévateur*, qui les déversait ensuite dans la machine pour être broyées; des chariots à bœufs apportaient sans cesse de nouvelles charges de cannes. Ces pauvres enfants astreints, sous un soleil de plomb, à un travail mortel, tournaient continuellement leurs yeux vers un terrible fouet de cuir, que brandissait un nègre, tout prêt à en marqueter le dos nu des enfants, s'ils

(1) *La vie sauvage en Floride et une visite à Cuba*, par E. Trench Townshend, B. A. Hurst et Blackett, 1875.

voulaient se reposer ou manger un morceau de canne.

« En quittant le moulin, nous nous rendîmes aux baraques des nègres (c'est ainsi qu'on appelle leurs logements). Ce sont des bâtiments en briques à un étage, entourant une grande place fermée par de doubles grilles de fer. Comme nous passions, deux dogues cubains aux mines rébarbatives vinrent grogner dans nos jambes ; mais habitués à ne mordre que des nègres, ils ne nous inquiétèrent pas. Les chambres des nègres ouvraient sur la cour ; les portes étaient épaisses et munies de barres et de verrous. En ouvrant ces portes on aperçoit des repaires de quatorze pieds carrés, les plus dégoûtants que l'on puisse voir. Les murs sont noirs de crasse ; la terre humide et malsaine sert de plancher ; la lumière et l'air n'entrent que par la porte ; le mobilier consiste en une table, un banc et un bois de lit. Sur ce lit les loques d'une sale couverture ; partout des immondices et une vermine grouillante; dans chacune de ces loges immondes vit une famille entière, mille fois plus malheureuse et plus dégradée que les bêtes des champs. Les cases sont toutes semblables, nous nous en sommes assurés par nous-mêmes : à quelques pieds de la porte un trou répand une odeur nauséabonde...

« Les logements des Chinois sont beaucoup plus sains. Leurs huttes sont situées à quelque distance de celles des nègres. Le fouet sert à les faire travailler, aussi bien que les nègres ; ils vont à l'ouvrage chaque jour aussi longtemps que les véritables esclaves, c'est-à-dire dix-huit heures, ce qui est énorme sous un semblable climat.... D'après la loi Morret, tous les enfants nés à Cuba sont libres, et tous les nègres qui ont atteint l'âge de soixante ans le sont également. J'ai voulu savoir quels étaient les effets de cette loi. Cette loi, m'a-t-on dit, force les enfants à travailler jusqu'à l'âge de dix-huit ans, en payement de leur nourriture. Ainsi, jusqu'à présent, cette loi n'a produit aucun effet : peu de nègres parviennent à l'âge de soixante ans; s'ils y parviennent, ils sont alors impropres au travail, et le propriétaire est bien aise de s'en débarrasser. La vie moyenne d'un esclave amené à Cuba pour travailler à la terre est de cinq ans. Sur quelques plantations, il est vrai, les nègres ont un sort moins malheureux, mais partout on exige d'eux un travail excessif.

« Il est cruel d'exiger d'un homme, six jours par semaine, dix-huit heures de travail sous un soleil tropical, ce qui épuise bientôt l'organisation africaine la plus vigoureuse, sans cesse en alerte pour éviter les coups de fouet. Chaque troupe de nègres célèbre le dimanche à son tour, c'est-à-dire que, sur sept jours, le nègre a un jour de congé; de la sorte les maîtres n'ont pas à craindre que les nègres s'entendent tous ensemble pour les massacrer ou pour s'échapper... Après avoir vu l'esclavage dans les plantations cubaines, je me suis senti pris d'un dégoût profond et je suis revenu des jugements que j'avais formés d'avance en faveur de cette institution. On dit que l'esclave est gras et luisant, qu'il est bien soigné, qu'il est plus heureux dans l'esclavage que dans la liberté. Que ceux qui disent ces choses et que j'ai souvent entendues aillent voir les esclaves maigres, épuisés, moribonds, faméliques, qui parcourent les rues de la Havane. »

On doit avoir grande confiance dans le capitaine Townshend; il a donné de véritables lumières sur l'esclavage, tant asiatique qu'africain, à Cuba ; regrettons qu'il se soit fait l'interprète de quelques histoires mensongères qui sont si fort à la mode dans une certaine société.

Quelques-uns de nos écrivains populaires devraient bien prendre la salutaire habitude de se retracer de temps à autre l'état de la nation anglaise il y a deux mille ans, à l'époque où l'on vendait les femmes et les enfants comme esclaves. Les Bretons, au dire de Cicéron, étaient les esclaves les plus laids et les plus stupides que l'on pût voir à Rome.

L'allusion que fait le capitaine Townshend à la Jamaïque est malheureuse. Les opinions préconçues que l'on peut avoir au sujet des nègres ne résisteront pas à un examen attentif de la situation de cette île. La question, d'ailleurs, aurait dû être tranchée dès longtemps par les dépêches et les adresses envoyées par sir Lionel Smith et le marquis de Sligo, qui ont successivement gouverné la Jamaïque depuis l'émancipation.

Pour ce qui est de la situation commerciale, ce qui me surprend, c'est qu'elle ne soit pas pire : il faut songer en effet que presque tous les établissements étaient déjà frappés d'hypothèques au moment de l'émancipation; les propriétaires étaient absents, les biens régis par des intendants, et de plus et surtout (sauf d'honorables exceptions), les maîtres, les chefs d'exploitation mettaient une grande mauvaise volonté à se conformer au nouvel ordre de choses.

Le major Prendeville, chef des forces gouvernementales à la Jamaïque, dans le rapport qu'il vient de présenter à sir Peter Grant, rend un nouveau témoignage de l'activité et du bon caractère des nègres. Le rapport est daté de 1870. Nous avons le regret de ne pouvoir en reproduire qu'un extrait :

« Dans ce pays, malgré la facilité de la vie, on ne peut dire que la paresse et le vagabondage aient pris aucun développement alarmant. Dans les villes, surtout à Kingston, centre du commerce et de la population (1), on compte un certain nombre de vagabonds; mais il n'en est pas de même dans les districts ruraux. L'inspecteur de la paroisse de Clarendon (2) affirme dans son rapport « qu'il n'est pas venu à sa « connaissance qu'aucun habitant de la paroisse menât « notoirement une vie de paresse et de vagabondage. « ... Tous les habitants, ajoute le rapport, sont em- « ployés dans les propriétés ou cultivent leurs propres « terres, ou s'occupent à faire des copeaux de bois « de Campèche ». — « En général, dit l'inspecteur « de la paroisse de Sainte-Anne (3), la population est « laborieuse et intelligente. » L'inspecteur de la pa-

(1) 34 314 habitants.
(2) 42 747 habitants.
(3) 39 547 habitants.

roisse de Trelawncy (1) reconnaît avec plaisir que les paysans de cette paroisse « sont remplis de dispo- « sitions industrieuses ». L'inspecteur de la paroisse de Sainte-Marie (2) me rend compte « que les classes « laborieuses sont actives, bien portantes et satis- « faites ». L'inspecteur de la paroisse de Saint-André écrit « que la population rurale de cette paroisse « est prospère et industrieuse ». L'inspecteur de la paroisse de Westmoreland (3), dont nous regrettons aujourd'hui la mort, affirmait, lui aussi, que les paysans de sa paroisse étaient dans une heureuse situation, acquéraient de la propriété et travaillaient avec activité. »

Tournons nos regards vers les îles Leeward. Voici le portrait du nègre par sir B.-C.-C. Piue :

« Comme je m'occupe particulièrement ici du nègre et de la race de couleur, il ne sera pas déplacé, je pense, de faire quelques remarques sur le caractère de cette race ; il court en effet en Angleterre des idées fausses sur ce sujet, et je les ai vues avec regret. En vous envoyant mon humble opinion, je vous envoie aussi celle de l'évêque. Son Excellence est lui-même natif des Indes occidentales. Quant à moi, j'ai été pendant dix ans lieutenant, puis gouverneur des Indes occidentales, et j'avais auparavant vécu au milieu des nègres en Afrique. Nous n'avons qu'une seule opinion sur cette race, que nous avons exa-

(1) 28812 habitants.
(2) 36495 habitants.
(3) 40823 habitants

minée de nos propres yeux. Nous ne voulons pas être les avocats aveugles des nègres; nous connaissons parfaitement leurs défauts; quelques-uns de ces défauts semblent, cela est vrai, tenir à la race; mais le plus grand nombre sont les tristes conséquences de cette institution maudite, l'esclavage, dont nos nègres ne sont guère délivrés que depuis un quart de siècle. Malgré ces défauts, nous avons reconnu en eux des qualités assez grandes pour leur mériter l'amour de leurs semblables. Ils ont pour la justice un respect singulier : punissez justement un nègre, et aucune sévérité n'excitera un murmure. Ils ont un grand sentiment de l'autorité, même durement exercée; en somme, c'est un des peuples les plus faciles à gouverner que j'aie jamais rencontrés. Personne, même parmi leurs ennemis, ne songera à contester leur bonté de cœur et leur bon caractère. Ils sont paresseux, dit-on ? Mais ce qui m'étonne, c'est qu'après les effets déplorables de l'esclavage, après la honte que l'esclavage avait jetée sur le travail honnête, les nègres soient restés aussi laborieux qu'ils le sont. »

En parlant de ce sujet, il me semble impossible de ne pas extraire du second volume du *Dernier Journal* du Dr Livingstone le passage suivant :

« L'émancipation des esclaves dans nos Indes occidentales fut l'œuvre d'un petit nombre d'hommes, les philanthropes et les penseurs les plus distingués de notre temps. Par le nombre, ils formaient dans la nation une infime minorité; leur autorité ne venait que des talents supérieurs des hommes qui étaient à leur tête, et de la justice, de la vérité, du droit qui étaient pour eux. Du reste de la population, la plus grande partie était indifférente, n'ayant aucune sympathie pour ce qui était en dehors de leur foyer domestique.

« Avec le temps parurent des écrivains à sensation qui, par une vaine prétention d'originalité, se firent une loi de condamner les choses et les hommes qui avaient été avant eux.

« L'émancipation était une erreur », dirent-ils ; ces légers écrivains entraînèrent après eux toute une foule de gens qui auraient voulu presque eux-mêmes être propriétaires d'esclaves. Et, en effet, ne perdons pas de vue un fait : la majorité du peuple est peut-être aujourd'hui contraire à l'esclavage, mais combien d'Anglais auraient des esclaves si la loi ne le défendait pas ! Telle était la cause de cette sympathie accordée franchement par un grand nombre de gens aux rebelles, pendant la grande guerre de l'esclavage en Amérique. Tous ceux qui auraient bien voulu être propriétaires d'esclaves montrèrent ouvertement leurs tendances à propos du soulèvement de la Jamaïque. Quelques-uns, qui eussent volontiers joué le rôle du colonel Hobbs, ne pouvant se servir du révolver, trempèrent leur plume dans le fiel, et insultèrent tous les nègres dont on ne pouvait faire des esclaves. Je ne sais ce que ces personnes pensèrent de leur héros Hobbs, lorsque, en châtiment peut-être de tout ce qu'il avait fait et écrit, il sortit de ce monde par sa propre main. »

Pour les États du sud de l'Amérique, il semble étrange que le capitaine Townshend ne se soit pas rendu compte que la production était toujours égale et souvent supérieure à ce qu'elle avait été au temps de l'esclavage (1). On doit rappeler, à l'honneur des ouvriers qui peuplent les districts manufacturiers du Lancashire, qu'au moment de la famine survenue par le manque de coton, à la suite de la guerre civile américaine, on essaya en vain d'exciter parmi eux des sympathies pour le Sud. Les ouvriers se rendirent en grand nombre dans les *meetings* provoqués par les partisans de l'esclavage et très-pacifiquement votèrent contre les propositions qui furent faites.

Cela est clair : il y a un devoir pour l'Angleterre à achever l'œuvre de l'émancipation à Cuba. Lord Palmerston aimait à proclamer le droit qu'avait l'Angleterre à réclamer l'affranchissement immédiat des nègres introduits à Cuba en violation des traités.

(1) On craint que l'esclave ne veuille plus travailler, et cette inquiétude est assez naturelle, puisqu'on a tout fait pour lui rendre le travail odieux. Cependant l'exemple des colonies anglaises, françaises, hollandaises, prouve la parfaite vérité de ce mot du marquis de Sligo, gouverneur de la Jamaïque au moment de l'émancipation, en 1838 : *Toutes les fois que les propriétaires veulent que la chose aille bien, elle va bien.*

L'exemple des États-Unis du Sud, où déjà le travail libre arrive presque à fournir autant de coton que le travail servile en produisait avant la guerre, est plus significatif encore. Une meilleure distribution du travail, l'introduction des machines, la concentration des usines, une surveillance plus exacte, surtout un travail plus intelligent et plus énergique parce qu'il est stimulé par l'intérêt personnel, permettent de tirer de cent hommes libres des résultats bien supérieurs à ceux que produisent deux cents esclaves. (*L'Espagne et l'esclavage*, par M. Cochin, membre de l'Institut.)

Depuis cette époque, tous nos Secrétaires d'État aux affaires étrangères ont reconnu ce droit à l'Angleterre, y compris le comte de Derby, qui occupe aujourd'hui ce poste et auquel nous devons des remercîments pour l'intérêt éclairé qu'il a pris à la cause de l'esclavage.

Lord Palmerston, dans le discours qu'il a prononcé devant une commission de la Chambre des Communes, a dit les paroles suivantes : « Je crois que les planteurs intéressés ont payé une somme déterminée au gouvernement de Cuba pour l'importation de chaque nègre ; de plus, ils ont donné des sommes aux officiers de police et aux douaniers pour les engager à fermer l'œil sur ce qui se passait. L'illégalité repose sur plus d'un point. Il y a un traité par lequel l'Espagne s'est obligée à empêcher l'importation des nègres ; d'après une loi promulguée par Ferdinand VII, il est illégal d'importer des esclaves dans les colonies espagnoles ; si malgré la loi il en était introduit, ils seraient de plein droit, et *ipso facto*, libres. »

CHAPITRE VIII

Guerre civile à Cuba. — Le gouvernement espagnol dans cette colonie. — Les deux grands partis opposés. — La révolution d'Espagne en 1868. — Lois spéciales. — Abolition de l'esclavage à Porto-Rico. — Politique du dernier ministère anglais.

Les principes d'après lesquels l'Espagne a toujours gouverné Cuba sont ceux qui ont régi ses vastes possessions de l'Amérique du Sud et causé leur perte. Elle n'a jamais songé à la prospérité des colons, mais seulement aux bénéfices du gouvernement espagnol, de ses fonctionnaires et de ses serviteurs. Pour donner idée des rapports entre l'Espagne et Cuba, nous ne pouvons mieux faire que de citer quelques pensées ironiques de Franklin, déjà citées par M. Laboulaye dans sa remarquable préface au livre de Valiente sur Cuba :

« Si vous désirez qu'une scission soit toujours possible, gouvernez vos colonies par des lois de votre façon ; tracez-les à votre bon plaisir et à votre profit ; mêlez-vous de leur commerce ; usez de leur revenu qui ne vous coûte rien ; donnez un pouvoir despotique au général qui règne en votre nom et affranchissez-le de tout contrôle colonial. Si les colonies se plaignent, gardez-vous d'écouter ; accusez-les de haute trahison et de rébellion; affirmez que toutes leurs plaintes sont des rêveries de démagogues; et si vous pouvez emprisonner quelqu'un, tout sera pour le mieux. Ne craignez pas de pendre : le sang des martyrs a toujours fait des miracles. Voici votre chemin tout tracé; il vous mènera infailliblement au but que vous voulez : vous serez délivré de toutes vos colonies. »

DU GOUVERNEMENT DE CUBA.

Le capitaine-général a des pouvoirs illimités, égaux, en tout temps, à ceux que possède un général en temps de siége (1).

A Cuba, on voit deux grands partis en présence : le parti espagnol se compose principalement d'anciens marchands d'esclaves, souvent devenus grands propriétaires de biens-fonds en même temps que d'esclaves; et d'une bande de fonctionnaires espagnols de tous les rangs, depuis celui de capitaine-général jusqu'au plus inférieur.

Le parti cubain est formé surtout de créoles libres;

(1) Les pouvoirs des capitaines-généraux y sont définis en termes auxquels on ne reprochera pas de manquer de clarté : « Le roi notre seigneur, y est-il dit, afin de conserver dans la précieuse île de Cuba sa légitime et souveraine autorité et la tranquillité publique, vous accorde toute la plénitude des pouvoirs que les lois militaires confèrent aux gouverneurs des places assiégées. Par conséquent, Sa Majesté le roi vous accorde l'autorisation la plus étendue et la plus illimitée, non-seulement pour exiler de l'île toute personne, quels que soient son rang, sa classe ou sa condition, dont la présence pourrait vous inspirer des soucis...., mais aussi pour suspendre l'exécution des ordres et ordonnances expédiés sur les diverses branches de l'administration publique. » (Cochin.)

beaucoup étaient grands propriétaires de terres et d'esclaves, et étaient très-riches.

Longtemps ces derniers ont eu coutume d'envoyer leurs enfants aux écoles de Paris, de Londres ou de New-York ; ils y ont appris à connaître les droits de l'homme et à désirer pour leur patrie la liberté qu'ils avaient vue ailleurs.

Ce parti, nombreux et puissant, s'était déjà agité sous le joug pénible de l'Espagne, bien avant l'explosion de la révolution de 1868. Le gouvernement provisoire de Madrid déclara, à l'occasion du mouvement, qu'une réforme générale serait entreprise et que les colons jouiraient de tous les priviléges des habitants de la mère patrie. Mais bientôt après, le télégraphe les informait qu'au lieu de cette égalité de leurs droits les colonies allaient recevoir une législation spéciale. Les libéraux de Cuba s'alarmèrent ; ils savaient ce qu'il fallait attendre d'une législation spéciale, ayant reçu les mêmes promesses en 1837 et en 1845. En prenant les armes, ils commirent une grave erreur : voici la défense qu'ils allèguent : « Si jamais un peuple a eu le droit de recourir aux armes, c'est nous. » Et qui donc, hormis ceux qui pensent que toute guerre est un crime, pourrait répondre à un tel argument ?

Mais quelles que soient les causes de la guerre, aujourd'hui la lutte est engagée entre la liberté et l'esclavage. Peu après l'ouverture des hostilités, le parti cubain donnait la liberté à tous les esclaves : cette générosité ne surprendra pas, si l'on se souvient que dès l'année 1840 la plupart des créoles indépendants manifestaient un désir ardent de voir finir l'esclavage et la traite.

M. Turnbull, qui était alors président de la commission d'enquête anglaise à Cuba, en rendit témoignage : il affirma que, tandis que les Espagnols persistaient à continuer la traite, les natifs de Cuba s'y montraient vivement opposés. Ce désir, répandu parmi les Cubains, de voir l'esclavage aboli, faisait dire à M. Olozaga à Paris, en 1867, que dans tous les pays qui avaient été émancipés, le mouvement était venu d'ailleurs, et que l'abolition avait été imposée aux planteurs ; mais qu'aujourd'hui les colonies et le peuple espagnol désiraient l'émancipation et que le gouvernement central s'y opposait. La guerre dure depuis six ans ; pendant ce long espace de temps, les deux partis ont commis des atrocités sans nombre. On ne peut en douter : plus de cent mille existences ont été immolées. Sans doute, la guerre et l'esclavage finiront à la fois ; à Madrid cette opinion prévaut déjà et s'accroît sans cesse.

Beaucoup d'hommes éminents de différents partis ont déclaré que pour finir la guerre il était nécessaire d'abolir l'esclavage.

Lorsque M. Olozaga affirmait à Paris que le peuple d'Espagne était opposé à la prolongation de l'esclavage des nègres, le peuple et la presse en Espagne étaient également réduits au silence ; mais aussitôt après la révolution de 1868, des réunions publiques pour l'abolition complète de l'esclavage furent tenues à

Madrid, dans toutes les grandes villes et dans beaucoup de petites.

Un riche et puissant parti à Cuba, le peuple entier en Espagne se montrant impatient de voir la fin de l'esclavage, on aurait pu raisonnablement espérer que le cabinet anglais profiterait des circonstances pour amener ce grand mouvement à un résultat sérieux.

Mais, de tous les actes qui ont suivi la mort si regrettée de Lord Clarendon, aucun n'a donné satisfaction à cette attente. Le gouvernement français a fait quelques efforts pour notre cause, le gouvernement américain a fait bien plus encore, et a rendu les plus grands services.

Assurément on pouvait espérer que le gouvernement anglais suivrait activement cet exemple : l'Angleterre, par les traités, a des moyens d'action que ne possède aucune autre puissance. Les esclaves, par le fait des traités, sont devenus en quelque sorte ses pupilles, et l'honneur de la nation anglaise est attaché à leur sort.

Depuis la révolution d'Espagne en 1868, l'Angleterre a perdu plusieurs occasions de rendre de grands services à l'humanité. L'une de ces occasions était trop évidente pour être oubliée. Après l'abdication du roi Amédée, les républicains, dès leur arrivée au pouvoir, annoncèrent l'intention d'abolir l'esclavage à Porto-Rico et à Cuba. Voici, d'après la déclaration de M. Castelar, quelle devait être la politique de la république espagnole.

1° L'*abolition immédiate de l'esclavage;*

2° L'autonomie accordée aux îles de Porto-Rico et de Cuba : Elles auront leur parlement, leur administration, leur gouvernement, et seront unies à l'Espagne comme le Canada à l'Angleterre par un lien fédéral. « Nous fonderons ainsi la liberté dans ces États sans rompre l'unité nationale. Je désire que les îles de Cuba et de Porto-Rico soient nos sœurs, et je ne veux pas les regarder comme des Polognes transatlantiques. »

Cette déclaration fut reçue avec plaisir en Amérique, et M. Fish, ministre des affaires étrangères, promit au gouvernement espagnol le concours énergique et l'appui du gouvernement des États-Unis.

On prépara des projets de loi pour l'abolition de l'esclavage; celui qui concernait Porto-Rico passa aux *Cortès* et devint une loi; mais l'opposition devint si puissante, qu'il fallut tarder à proposer d'abolir l'esclavage à Cuba.

Il en eût été autrement sans doute si le gouvernement anglais avait reconnu le gouvernement Castelar. Dès lors le *Times* déclarait que la jeune république ne s'était point trompée.

Mais bien qu'elle eût pour objet l'abolition de l'esclavage et la fin d'une guerre, le gouvernement anglais ne voulut pas la reconnaître.

La loi relative à Porto-Rico n'aurait pas, elle-même, été menée à bonne fin sans l'intervention du gouvernement américain et de son infatigable représentant à Madrid, le général Sickles.

Les abolitionnistes de Madrid ont constaté que leur

cause ne reçut alors aucun appui ni aucun témoignage de sympathie de l'Angleterre ni de son ambassadeur. Le peuple d'Espagne est si unanime en faveur de l'abolition, qu'on peut s'étonner de trouver l'opposition si puissante ; mais il existe en Espagne, et dans le parti espagnol à Cuba, de grosses fortunes gagnées dans le commerce des esclaves. Leurs possesseurs ont formé une *Junte* qui siége à Madrid et dispose d'immenses ressources, fort libéralement employées à corrompre des fonctionnaires et des publicistes. Il est bien connu que cette *Junte* a touché en une seule fois l'énorme somme de 35 000 livres sterling. Ses ressources dépassent de beaucoup celles que possédait la Compagnie des Indes occidentales du temps où l'Angleterre tolérait l'esclavage ; on en use avec moins de scrupule encore.

Lorsque M. Castelar et ses collègues s'emparèrent du gouvernement sans verser le sang et par un vote unanime des Cortès, ils étaient disposés, cela est bien connu, à terminer la guerre de Cuba, en décrétant l'abolition de l'esclavage.

Il a été remarqué qu'au moment où l'empereur des Français, mort aujourd'hui, chassa violemment une assemblée législative et monta sur le trône par un chemin sanglant, le ministre anglais d'alors lui prêta un appui puissant et rapide. Et pourtant, le dernier cabinet anglais n'a pu se décider à reconnaître le gouvernement de Castelar, qui promettait l'abolition de l'esclavage et la fin d'une guerre.

Après avoir scrupuleusement examiné les arguments présentés par nos diplomates pour défendre la politique anglaise à cette époque, il nous reste la pénible conviction que les intérêts de l'humanité ont été sacrifiés à de vaines préférences pour telle ou telle forme de gouvernement.

Le nouveau roi Alphonse XII a nommé le général Valmuseda gouverneur de Cuba; cela n'est pas encourageant. Il y a quelques années, le général Valmuseda a promulgué, comme capitaine-général de l'île, un édit qui ne doit pas être oublié. Il y avait à la Havane un grand nombre de *coolies* qui, ayant achevé leur temps, attendaient un navire qui devait les ramener en Chine, lorsque tout d'un coup, par ordre du gouvernement, on en arrêta quatre cents qui furent vendus aux planteurs pour une nouvelle période de huit ans. C'est à cet acte que faisait allusion le ministre américain Hamilton Fish dans une dépêche au général Sickles : « Si ce fait est vrai, disait-il (et il est vrai), il est impossible que les gouvernements des nations civilisées restent indifférents à un procédé aussi atroce. »

Le temps n'est-il pas venu où le gouvernement anglais ne pourra plus honorablement rester étranger à la situation de Cuba? Dans ses efforts pour le bien de l'humanité dont nous faisons tous partie, ce gouvernement aurait non-seulement l'appui des États-Unis, de la France, de l'Allemagne, de l'Espagne, mais l'approbation et la sympathie de tout le monde civilisé.

CHAPITRE IX

Le traité de Zanzibar. — Difficultés légales que soulèvent ses dispositions. — Nouveaux débouchés de la traite par terre. — État des populations africaines que les marchands d'esclaves ne sont pas venus démoraliser.

Le traité négocié avec le sultan de Zanzibar par sir Bartle Frere a eu un résultat important : il a annulé les traités précédents, qui, quelle qu'ait pu être l'intention des parties contractantes, supposaient entre l'Angleterre et la traite un compromis ; cette situation avait été reprochée à l'Angleterre par un grand nombre d'hommes éclairés.

Depuis la ratification de ce nouveau traité, le sultan a fait honneur à ses obligations, en poursuivant scrupuleusement l'exécution de tous les articles.

Malheureusement une difficulté très-grave s'est élevée sans qu'il y ait, je pense, rien à reprocher à ce sujet au sultan. Il y a eu controverse entre les jurisconsultes attachés à la couronne d'Angleterre. Quelques-uns prétendent que les croiseurs de la marine anglaise ne peuvent légalement arrêter que les navires qui transportent des esclaves *pour les vendre*. Le capitaine d'un navire pourra donc toujours affirmer que les esclaves qu'il transporte ne sont pas destinés au commerce, et on le laissera passer tranquillement avec sa cargaison.

Les commandants des *croiseurs* sont alors sans pouvoir, puisque le fardeau de la preuve (*onus probandi*) repose sur eux. Cette question est si grave que l'on devrait la trancher sans aucun délai. On ne devrait laisser aucune difficulté aux agents consulaires, aux officiers et à tous ceux en général qui sont chargés de faire exécuter la loi.

Mais, en outre, le traité n'atteint pas le trafic par terre ; car cette voie a maintenant été substituée à la mer. On a découvert, en effet, que des routes régulières ont été tracées dans l'intérieur des terres ; par là des milliers d'esclaves sont envoyés vers le Nord pour être embarqués à Pemba ou Lamoo, et dirigés vers les marchés égyptiens, turcs ou persans.

D'après les renseignements du vice-consul Elton, 4096 esclaves ont passé entre Dar-es-Salam et Kilwa-Kivinga pendant une période d'environ un mois.

Le même capitaine Elton écrivait en janvier 1874 les paroles suivantes :

« Malade et couché sous un hangar à Kikunia, j'ai vu passer par le village, vers le 30 du mois, une caravane de 400 esclaves ; le lendemain il en passa en vue de mon lit une plus grande encore ; elle était d'environ 1100 hommes (je me suis arrêté après en avoir compté 1000). Ils étaient enchaînés et pesamment chargés de provisions pour la route. Le chef de cette bande, nommé Mamji Hadji, crut convenable de me rendre visite en compagnie de huit de ses hommes armés de mousquets. C'était un homme très-communicatif; il me dit « qu'il était en route depuis deux ans; il ne « savait pas combien il avait d'esclaves, mais le « nombre en était assurément supérieur à 1000. « Il était forcé de marcher lentement, parce qu'il « avait des hommes qui étaient enchaînés depuis un « an et demi; il avait mis sept jours à venir de « Kilwa; d'ailleurs, ajoutait-il, c'est une bonne chose « que *la voie de mer soit fermée; on n'a pas à payer « les droits de traversée, et le voyage par terre coûte « moins cher.* »

Le colonel Cameron fait aussi allusion à cette continuation de la traite dans la lettre qu'il écrivait de Kawele-Ujiji en mai 1874 :

« Maintenant quelques nouvelles de l'esclavage. Il est toujours vivant, comme vous pourrez le voir dans mon *journal* : mais je puis peut-être dès à présent vous donner un renseignement nouveau et étonnant. Des marchands blancs, me dit l'Arabe qui me donne les renseignements, achètent des esclaves. Cet Arabe n'a jamais vu d'Anglais se livrer à ce trafic, mais il a entendu dire qu'on en pouvait voir, et même que des navires de l'État y prenaient part. Il y a au Congo des maisons espagnoles et portugaises qui, sans aucun doute, s'occupent elles aussi de l'esclavage. Voilà qui nécessiterait une enquête. »

Beaucoup d'obstacles s'opposent à l'abolition de l'esclavage et à une union d'efforts en faveur de l'Afrique : parmi ces obstacles, on doit compter en première ligne le préjugé qui fait croire à bien des gens que la race africaine est tellement dégradée qu'il est impossible de la relever et de la perfectionner. Cette erreur doit être en grande partie attribuée à l'existence de la traite; la traite a tracé autour du continent africain comme un grand cercle; de ce cercle sont sortis des rayons qui ont été porter jusque dans l'intérieur les vices les plus bas et les plus honteux.

Dans les quelques contrées de l'Afrique où la traite n'a pas encore pénétré, on peut voir des tribus qui vivent heureuses et tranquilles, elles cultivent leurs champs, jouissent pacifiquement des biens de la terre; ces faits ont été prouvés surabondamment depuis les voyages de Mungo-Park jusqu'à nos jours. Le témoignage du Dr Livingstone vient encore les confirmer.

LES NÈGRES DANS LES CONTRÉES OU LA TRAITE N'A PAS PÉNÉTRÉ

« En quittant les rives du *Nassau*, j'arrivai par bonheur sur une terre que les pieds des marchands d'esclaves n'ont pas encore foulée. C'était une contrée neuve et vierge; aussi, comme je l'avais déjà remarqué, les naturels étaient vraiment bons et hospitaliers; moyennant quelques petits morceaux de toile, ils portèrent mon bagage de village en village. »

Ce n'est pas d'ailleurs là le seul bon procédé que

le voyageur rencontra chez ce peuple simple et non encore corrompu.

« Lorsque Syde et Dugumbé viendront, j'espère pouvoir obtenir des hommes et un canot pour achever mon œuvre chez ces gens que les Ujijiens n'ont pas encore trompés, et qui gardent encore leurs bonnes dispositions naturelles. Aucune nation n'est féroce sans motif.... L'*éducation* du monde est une chose terrible ; ses conséquences ont pesé sur l'Afrique avec une rigueur extrême depuis les temps les plus reculés! Que deviendra l'Africain après cette terrible leçon ? C'est là le secret de la Providence. Lorsque Celui qui est plus grand que les plus grands accomplira ses desseins, cette terre sera une contrée admirable, elle sera ce qu'elle a été jadis au temps de la gloire de Terah et Tirhaka.

« La population de Nsama est particulièrement belle. Parmi les hommes, beaucoup ont des têtes aussi régulières que celles que l'on pourrait voir dans une réunion d'Européens. Tous ont de belles formes, de petites mains et de petits pieds. On ne voit ici aucun de ces types hideux de la côte occidentale, d'où nous avons tiré nos idées sur la physionomie des nègres. Pas de *mâchoires de singes* ni de *tâlons d'alouettes*. Mes observations me rappelèrent en les confirmant les remarques de Winwood Reade : le type du nègre, dit cet auteur, est bien plus dans les anciens profils égyptiens que dans les figures ridicules qui pullulent à travers les marécages malsains de la côte occidentale. En vérité, je crois que cette région de montagnes et de forêts est la véritable demeure du nègre. Les femmes de ce pays excitaient l'admiration des Arabes. Leurs traits sont fins, délicats et bien faits.

« Ma longue expérience de l'Afrique centrale m'a prouvé que les nègres que l'esclavage et la traite n'ont pas encore corrompus sont remarquables par leur hospitalité et leur bon sens. Ce qu'il y a de plus étonnant, c'est que — ils sont honnêtes. »

Dans une des lettres du Dr Livingstone, on lit :

« On m'a souvent demandé en Angleterre : « Est-« ce que ces Africains travailleraient bien pour nous ? « — « Oui certes, si vous les payez. » J'ai toujours remarqué que cette réponse avait la propriété d'allonger singulièrement les figures ; mon interlocuteur, je présume, aurait voulu les faire travailler pour rien, en un mot être propriétaire d'esclaves. »

Il faut lire aussi, au sujet des nègres restés à l'abri des atteintes de l'esclavage, les paroles suivantes du colonel Cameron, résultat de sa longue expérience :

« J'ai perdu, dit-il, ce préjugé que la couleur est un signe d'infériorité. J'ai vu en Afrique beaucoup d'hommes très-intelligents et j'ai causé avec eux ; ils reconnaissent parfaitement la nécessité de développer leur commerce ; toutes les histoires de paresse de la race nègre, de la nécessité de développer son industrie et son activité ne sont vraies que des pays à esclaves, et des honteuses tribus pillardes. Il est impossible de voir les champs immenses que cultivent les nègres avec la houe et d'affirmer ensuite que ces peuples n'ont pas de résolution. C'est une calomnie de dire que les Africains sont tous ivrognes. Il ont tous les moyens nécessaires pour se procurer des boissons, pourtant les seuls nègres que j'ai vus continuellement ivres sont les *pagazi* et les *askari* qui m'accompagnaient, ainsi que les esclaves et les serviteurs des Arabes. Proportion gardée du chiffre de la population, il y a bien moins d'ivrognes ici qu'en Angleterre. Vivant comme ils le font, sans aucune religion, sans aucun espoir de la vie future, avec peu de besoins et peu de ressources, ils ne sont pas parvenus sans doute à un degré de civilisation bien élevé, mais ils sont doux pour les étrangers et ne leur cherchent pas querelle. Je n'ai jamais eu à subir de leur part la moindre impolitesse. Je me pose toujours comme étant un homme aussi puissant que tous les chefs que je puis rencontrer, mais j'observe toujours dans mes rapports avec les indigènes la civilité la plus parfaite. »

CHAPITRE IX

Le traité de Zanzibar. — Difficultés légales que soulèvent ses dispositions. — Nouveaux débouchés de la traite par terre. — État des populations africaines que les marchands d'esclaves ne sont pas venus démoraliser.

Le traité négocié avec le sultan de Zanzibar par sir Bartle Frere a eu un résultat important : il a annulé les traités précédents, qui, quelle qu'ait pu être l'intention des parties contractantes, supposaient entre l'Angleterre et la traite un compromis; cette situation avait été reprochée à l'Angleterre par un grand nombre d'hommes éclairés.

Depuis la ratification de ce nouveau traité, le sultan a fait honneur à ses obligations, en poursuivant scrupuleusement l'exécution de tous les articles.

Malheureusement une difficulté très-grave s'est élevée sans qu'il y ait, je pense, rien à reprocher à ce sujet au sultan. Il y a eu controverse entre les jurisconsultes attachés à la couronne d'Angleterre. Quelques-uns prétendent que les croiseurs de la marine anglaise ne peuvent légalement arrêter que les navires qui transportent des esclaves *pour les vendre*. Le capitaine d'un navire pourra donc toujours affirmer que les esclaves qu'il transporte ne sont pas d'œuvre de Queensland, sa vie serait en continuel péril. Livingstone n'a jamais dirigé le canon d'un fusil contre un homme, son semblable ; « et toujours, dit-il, après avoir employé le bâton à punir un serviteur, il s'est senti humilié. » Ses souffrances, son abnégation, l'abandon de sa vie entière à la cause des opprimés, ont légué à l'univers un devoir sacré : celui de mettre fin à l'esclavage et à la traite, dans le délai le plus rapproché.

Ses notes, écrites en des circonstances si difficiles, n'étaient pas aisées à publier. Heureusement cette tâche fut entreprise par son ami et collègue le révérend Horace Waller — qu'il faut publiquement remercier de la forme excellente qu'il a donnée à l'ouvrage. — Quelques annotations, brèves et judicieuses, montrent avec quel soin l'éditeur s'est relégué au second plan, pour laisser Livingstone apparaître intact devant le public.

Les extraits qui suivent, choisis au hasard, montreront un peu les difficultés que Livingstone rencontra dans ses dernières années :

LA TRAITE

« Quand je m'efforçais de rendre compte de la traite dans l'Afrique orientale, il me fallait rester bien en deçà de la vérité de peur d'être taxé d'exagération ; pourtant, en conscience, aucune exagération n'est possible. Loin de là, aucune description ne saurait atteindre la vérité. Les faits que j'ai vus, incidents bien vulgaires de ce trafic, sont si écœurants que j'essaye constamment de les chasser de ma mémoire. Mais si j'ai réussi, avec le temps, à reléguer dans l'oubli des souvenirs fâcheux, malgré moi les scènes de la traite reviennent toujours, et me font bondir, la nuit, épouvanté de leur vivante horreur.

« Il n'est point de mots pour décrire la désolation qui couvrait au loin la vallée de Shire, naguère plaisante. Au lieu de riants villages et de paysans apportant en foule leurs marchandises au marché, on ne voyait plus une âme. Le peuple s'était précipité en grandes masses vers la rivière de Shire, anxieux de la voir entre ses ennemis et lui. Bien peu avaient pensé à emporter des vivres ; et la faim avait tué tant de ces malheureux qu'il en était resté trop peu pour enterrer les morts. Les corps que nous vîmes flotter à la dérive ne donnaient qu'une faible idée du nombre des victimes : c'étaient ceux que l'épuisement des survivants avait privés de sépulture, ou que les crocodiles, gorgés de chair, avaient négligés.

« M. Waller nous apprit quelle catastrophe avait attristé la riante vallée de Shire. Ses paroles, bien qu'énergiques, étaient au-dessous de la réalité. Pourtant elles nous avaient paru excessives : c'est le sort qui attend les nôtres. Mais quand nous vîmes, de nos yeux, vider les derniers gouttes de cette coupe de calamité, nous sentîmes pour la première fois que les crimes immenses commis par l'homme contre l'homme, par la traite, défiaient toute exagération. La vue de ce désert, qui était, il y a dix-huit mois, une vallée très-peuplée, et qui est aujourd'hui littéralement semée d'ossements humains, nous a forcé à admettre que la traversée par mer était loin de faire autant de victimes ; nous avons compris que le commerce honnête ne pourra jamais exister, si l'on ne supprime l'esclavage, cette iniquité monstrueuse qui a si longtemps ravagé l'Afrique.

« Nous passâmes auprès d'une femme attachée par le cou à un arbre, et morte. Les gens du pays nous expliquèrent qu'elle n'avait pas pu suivre la caravane d'esclaves, et que son maître avait décidé qu'elle n'appartiendrait à personne si elle se rétablissait après quelque temps de repos. Je puis rappeler ici que nous en vîmes d'autres attachées de la même manière ; l'une était couchée en travers d'un sentier, elle avait été tuée d'un coup de feu ou d'un coup de couteau, car elle gisait dans une mare de sang. Le récit qu'on nous faisait était toujours le même : l'Arabe qui avait possédé ces victimes, furieux de perdre son argent quand elles ne pouvaient plus suivre, avait donné vent à sa colère en les assassinant.

« Aujourd'hui nous rencontrâmes un homme qui devait être mort de faim, car il était très-maigre. L'un des nôtres fit une reconnaissance autour du camp et trouva bon nombre d'esclaves avec leurs carcans, abandonnés par leurs maîtres faute de nourriture ; ils étaient trop faibles pour parler et dire d'où ils venaient. Il y en avait de tout jeunes.....

« Je vis encore un homme attaché à un arbre et mort : triste spectacle, quel qu'en soit l'auteur; nous trouvâmes sur notre route un si grand nombre de carcans, que je soupçonne les gens de ce pays de délivrer les esclaves qu'ils trouvent abandonnés pour les revendre. »

CHAPITRE XI

Opinions sur les missions chrétiennes. — Livingstone. — Le colonel Cameron. — Communications récemment établies par les bateaux à vapeur avec Zanzibar et les ports de l'Afrique orientale. — Projet d'un canal maritime au nord-ouest de l'Afrique.

Il n'est rien de plus nécessaire à l'Afrique que les missions chrétiennes. Celles qui se sont établies depuis trente ans ont-elles été dirigées comme le veut la plus saine raison? Nous ne le discuterons pas ici. L'objet du christianisme n'est pas seulement de préparer l'homme à une vie future, mais de l'élever et de le sanctifier en ce monde.

Les missions qui n'ont pas été paralysées ou rendues infructueuses par l'esclavage ont, autour d'elles, fait le plus grand bien. Mais que de généreux efforts, en diverses régions de l'Afrique, après un temps d'espoir et de succès, se sont vu abattre par la traite! Les secours de l'Angleterre et des nations chrétiennes n'ont pas manqué; l'énergie, le dévouement, l'abnégation des missionnaires, ont été au-dessus de tout éloge. Pourtant ces missions se sont affaiblies, ont langui, ont péri bien souvent : et la cause de leur chute, c'est l'esclavage.

Aujourd'hui la charité chrétienne s'est tournée

vers l'Afrique. De grandes sommes d'argent sont offertes pour établir des missions nouvelles. Ce spectacle est encourageant, mais ne doit pas faire oublier que si l'esclavage est maintenu en Orient, la traite rendra aujourd'hui, comme avant, toutes les missions inutiles et trompera l'espérance de leurs promoteurs. Les remarques suivantes faites par Livingstone et le colonel Cameron sur les missions, méritent notre attention.

AVIS DU DOCTEUR LIVINGSTONE SUR LES MISSIONS A L'INTÉRIEUR DE L'AFRIQUE

« Je voudrais dire aux missionnaires : Venez, « frères, vers les véritables païens. Vous ne savez « pas, avant de l'avoir éprouvée, quelle force vous se« rait accordée. Quittez les côtes et consacrez-vous de « tout cœur aux tribus que l'on appelle sauvages ; là, « parmi beaucoup de traîtres et de méchants, vous « rencontrerez bien des qualités aimables et ad« mirables. Beaucoup des accusations que l'on a « portées contre ces peuples ont besoin d'être véri« fiées. On ne voit jamais chez eux les mères vendre « leurs enfants ; c'est là un crime que les Arabes « n'ont pas vu non plus. Si on l'a affirmé, c'est par « erreur.....»

« La bonté, la charité, font plus d'impression sur le cœur de ces peuples que toute espèce d'artifice et de science. Ils vous disent : « Vos cœurs ne sont pas

« semblables aux nôtres. Les cœurs des hommes « noirs sont mauvais, ceux des hommes blancs sont » bons. » Demander à Jésus une âme pure et un esprit droit, c'est la prière qui convient le mieux dans toutes les circonstances

« Personne n'attend même un essai bienveillant de ceux qui, en parlant des efforts des gouvernements et des peuples, pour guérir la grande plaie de la terre, chicanent et subtilisent. Quelques-uns nous disent qu'ils aiment mieux donner leur *obole* aux misérables qui existent dans leur pays qu'aux nègres. Vraiment c'est bien d'une *obole* qu'ils parlent, et peut-être viennent-ils à l'oublier et s'en font-ils cadeau à eux-mêmes. C'est un fait bien connu que ceux qui donnent le plus pour les païens des pays lointains sont ceux aussi qui donnent le plus pour les païens de leur pays. C'est vers ces derniers que nous nous tournons avec espérance. »

OPINION DU COLONEL CAMERON SUR LES MISSIONS

« S'il doit y avoir des missions, ces missions doivent être industrielles ; tous les prêtres doivent être de parfaits *gentlemen;* mais il serait utile qu'ils eussent sous leur direction des subordonnés capables instruire les naturels et d'en faire des forgerons, des charpentiers, des laboureurs, etc. Il faudrait apporter le plus grand soin et le plus grand discernement dans le choix de ces subordonnés. Il est inutile d'apprendre seulement aux indigènes à lire et à écrire; ils ne communiquent pas ces connaissances à leurs compatriotes, et rentrant chez eux, se trouvent en quelque sorte déclassés parmi ceux qui les entourent. S'ils savaient des métiers, ils se les apprendraient les uns aux autres; possédant un moyen de vivre plus facilement et plus heureusement que leurs voisins, ils exciteraient ces derniers à les imiter, et deviendraient ainsi un foyer de christianisme et de civilisation. C'est sur ce point que se trompe notre mission de Zanzibar : on apprend à lire et à écrire aux jeunes gens; on en fait des *messieurs*. Quand ils quittent l'école vers l'âge de vingt ans, ils n'ont aucun moyen d'existence, tombent entre les mains des Arabes et deviennent nominalement mahométans, réellement rien. La mission française de Bagamoyo a été une heureuse tentative dans ce sens, mais il y a encore des progrès à faire. Je ne veux pas dire qu'il ne faut pas apprendre aux jeunes gens à lire et à écrire; il faut le faire, mais ne pas négliger le reste. »

Bien qu'on ne puisse pas exagérer l'importance des missions chrétiennes sur l'avenir de l'Afrique, il y a encore des agences commerciales qui auront infailliblement une grande influence sur les relations entre l'Afrique et l'Europe si l'esclavage est aboli.

Grâce à la hardiesse et à la générosité de la *British India steam navigation Company*, et de son estimable président M. Mackinnon, à l'aide d'une très-légère subvention accordée par les gouvernements anglais, français et portugais, une communication a été établie entre Zanzibar et les différents ports et stations de la côte orientale d'Afrique, ainsi que Madagascar et les différentes îles de cette mer. Ce résultat sage et utile a été obtenu en grande partie par les efforts infatigables de M. James Long.

M. James Long a rendu aussi un immense service en engageant toutes les chambres de commerce de l'Angleterre à prendre en sérieuse considération nos relations commerciales avec l'Afrique orientale dans l'espoir de *remplacer* la traite dans ces régions par le *commerce légitime et le travail libre*. Néanmoins, il ne faut pas oublier que la traite est un trafic si avantageux qu'il détruit toute espèce de commerce légal. Les facilités de communication qui viennent d'être établies tourneront peut-être au profit des marchands d'esclaves.

Il est déjà arrivé plusieurs fois que des institutions excellentes ont plus servi la traite que le commerce légal. Si l'esclavage n'est pas aboli, le même malheur frappera ces nouveaux efforts, nous ne devons pas nous le cacher. Les *steamers* eux-mêmes qui naviguent dans la Méditerranée et la mer Rouge portent souvent des esclaves, et encouragent de bien des façons la traite (1).

La navigation à vapeur et le commerce sont pourtant des auxiliaires inappréciables ; ils ne sont pas le

(1) La compagnie *British India* a fait annoncer dans tous ses navires et dans toutes les langues de l'Orient, que chaque esclave se trouvant à bord aura le droit de réclamer sa liberté, et qu'il y trouvera aide et protection jusqu'à ce qu'il arrive à un port où il puisse être confié aux soins d'un consul français ou anglais. Cette mesure, digne de notre admiration, mérite d'être imitée.

remède de l'esclavage ; seuls, ils ne l'aboliront jamais.

Il y a quarante ans, une compagnie appelée *la Grande institution africaine* chercha à détruire le fléau en développant le commerce ; la grande *Société de civilisation* établie en 1840, protégée par les hommes les plus éminents de la nation, soutenue par des revenus princiers et le concours des bateaux à vapeur, échoua dans ses efforts persistants et bien intentionnés. Depuis cette époque, d'autres tentatives considérables ont été faites ; les résultats en ont été les mêmes.

Un projet intéressant a été récemment formé ; s'il est praticable et qu'on puisse l'exécuter, il sera d'une immense utilité pour le nord de l'Afrique centrale. Le grand désert du Sahara est une grande vallée d'une longueur de 600 milles ; d'après les observations du docteur Barth, il est situé à 140 pieds au-dessous du niveau de l'océan Atlantique.

Il suffirait, dit-on, pour submerger le Sahara et établir une communication avec les contrées fertiles et les nombreuses populations de l'intérieur, de percer un isthme assez étroit. On trouvera des renseignements sur ce projet dans la Note C.

CHAPITRE XII

Introduction à Surinam des *engagés* ou coolies hindous. — Les Hollandais à Java. — La guerre hollandaise à Atchin.

Autrefois le gouvernement anglais avait adopté avec fermeté le principe de ne permettre aucune émigration de coolies entre l'Inde anglaise et les colonies des autres puissances, surtout quand ces puissances toléraient l'esclavage.

Cette politique excellente a été abandonnée par le dernier ministère : il a ouvert au commerce des coolies la voie de Surinam. Les motifs de ce changement ont été cachés au public : mais il est permis d'y voir l'effet des instances de quelques Anglais, possesseurs d'esclaves, résidant à la Guyane hollandaise; en 1852, ces mêmes Anglais avaient envoyé un mémoire au gouvernement néerlandais, contre un projet d'abolition. Ce gouvernement songeait à promulguer une loi, à partir de laquelle tous les enfants naîtraient libres. Mais les signataires du Mémoire, au nombre desquels figuraient un *baronet* anglais et deux dames, requirent des indemnités, non-seulement pour leurs esclaves vivants, mais pour ceux qui devaient plus tard naître des femmes esclaves.

Le comte de Malmesbury adressa alors les lignes suivantes à notre ambassadeur à La Haye :

« Vous direz d'abord que le Gouvernement de Sa Majesté Britannique ne porte point d'intérêt à des sujets résidant à l'étranger qui possèdent des esclaves; en second lieu qu'il estime l'émancipation des esclaves bien plus nécessaire au bien de l'humanité que l'intérêt privé de quelques sujets qui peuvent prétendre à une indemnité, par suite de l'émancipation, chez des nations étrangères (1). »

On a nommé un consul qui est censé protéger les coolies des Indes. Mais à Surinam, sur le continent ou sur les îles voisines, les plantations sont très-isolées et aucune protection efficace n'est possible.

LES HOLLANDAIS A JAVA

Il est d'autant plus extraordinaire que le dernier ministère se soit éloigné d'une politique vraiment nationale, en permettant l'exportation des coolies dans les colonies hollandaises, qu'à ce moment même l'oppression exercée par les Hollandais sur la classe laborieuse avait été le plus clairement démontrée dans plusieurs journaux. Leurs abus à Java avaient soulevé des reproches très-sévères, mais assurément très-justes.

(1) Par les Actes Victoria 6 et 7, être proprétaire d'esclaves, même à l'étranger, est un délit pour un sujet britannique.

Soumis à une sorte de servage que les Hollandais appellent « heerendienst », les natifs de Java font les frais d'une armée active de 40 000 hommes, de toutes les dépenses coloniales, et fournissent à la Hollande un bénéfice net de plus de cinquante millions de francs par an.

Personne n'ignore qu'avec les Moluques, la plus grande partie de Sumatra, une grande partie de Bornéo, d'autres îles encore, la Hollande possède en fait la grande île de Java tout entière, et que son gouvernement, qui se dit chrétien, a donné là un scandale au monde entier.

En Hollande, à La Haye, le voyageur admire les villas magnifiques, les brillants jardins, les belles avenues du « *quartier de Java* » : il ne se doute guère de la misère et de l'abaissement des contrées lointaines qui ont payé toute cette splendeur. Il entre annuellement dans les coffres hollandais la riche somme de 3 000 000 de livres sterling, sans compter ce que coûtent le maintien du gouvernement colonial et les armements.

Les faits avancés par le *Morning Post* et d'autres journaux sont suffisamment confirmés par un ouvrage récent qui consacre plusieurs chapitres à Java. Cet ouvrage est intitulé « *Un voyage autour du monde, par le marquis de Beauvoir* (Londres, Murray 1870) ». Après avoir raconté ses courses dans l'île, et remarqué la courtoisie avec laquelle il a été reçu par les autorités, l'auteur ajoute : « Je fus péniblement ému de ne jamais voir devant moi un homme debout;

j'étais entouré de créatures courbées jusqu'à terre. »

« Quant à la religion de cette magnifique île qui contient 15000000 d'habitants, dit ailleurs l'auteur, j'ai remarqué que l'on a peine à découvrir un seul temple, en témoignage de reconnaissance de la part de ce pays que Dieu a si admirablement doté. » Après avoir décrit les ruines splendides des anciens temples de Mendoet, de Boro-Bondar, de Y'andj'i-Seou, le marquis de Beauvoir déplore le contraste qu'offre à présent le spectacle de cette île morte moralement, où « l'art n'existe même plus ». Il affirme aussi que la population était plus nombreuse il y a mille ans qu'aujourd'hui. Il rapporte ensuite, d'après des documents officiels, les honteuses exactions des Hollandais à Java. En trente-six ans, de 1833 à 1866, Java a rapporté 72000000 de livres sterling à la Hollande, c'est-à-dire plus de 2000000 de livres par an. Ajoutez à cela les frais considérables de l'administration coloniale et l'entretien d'une armée de 30000 hommes (sur lesquels 11000 sont Européens). Et cela, sans compter les *commissions* que touchent les agents, tant indigènes que hollandais, sur le produit des récoltes. Le marquis de Beauvoir rapporte aussi que les naturels sont forcés de vendre deux tiers de leur production de sucre au gouvernement hollandais sur le pied de 10 s. 3 d. le *picul* (132 livres); les Hollandais revendent ces marchandises pour 61 s. le *picul*, c'est-à-dire environ six fois plus cher. Il faut rendre cette justice aux Hollandais que les cultivateurs reçoivent une subvention du gouvernement. Mais la récolte du café est vendue aussi aux Hollandais au tiers de sa valeur commerciale. »

Depuis que les lignes précédentes ont été écrites, le gouvernement hollandais a décrété qu'il recevrait désormais des payements en argent, au lieu de payements en sucre. Ce sera là un avantage pour les négociants, mais, autant qu'on peut le savoir, aucun changement n'a été apporté dans la situation des indigènes. Ils sont toujours soumis à des maîtres étrangers, ils travaillent au profit d'un gouvernement étranger, dont les sujets pourtant font bien haut profession de la religion protestante réformée.

La Hollande a donné naissance à des hommes excellents, connus pour leur philanthropie; une grande responsabilité pèse sur eux comme citoyens de ce pays. Peuvent-ils jeter les yeux sur leurs concitoyens de Java sans s'efforcer d'enlever la tache qui pèse aujourd'hui sur le nom de chrétien?

LA GUERRE D'ATCHIN

Il faut déplorer bien plus encore l'entente survenue entre les gouvernements d'Angleterre et de Hollande, en 1872 : elle a produit deux guerres, dont l'une dure encore.

Quand le sultan d'Atchin reçut la première attaque des Hollandais, il en appela à ses vieux amis, les Anglais, et réclama leur appui sur la foi d'un traité signé avec l'Angleterre en 1819.

Ce traité, l'Angleterre ne le nia pas, mais elle

répondit qu'elle ne pouvait l'exécuter, « parce qu'elle avait signé depuis, avec la Hollande, un traité tout à fait contraire ». D'ailleurs, il n'avait pas été observé d'une manière continue.

La guerre, aujourd'hui dirigée par les Hollandais contre les Atchinois, au nord-ouest de Sumatra, est une guerre d'agression. Il est presque permis d'affirmer que notre gouvernement a invité celui de La Haye à l'entreprendre, car nous lisons, dans la convention anglo-hollandaise, cause première de ces luttes : « *Sa Majesté britannique ne verra aucun inconvénient au développement de la domination hollandaise sur l'île de Sumatra tout entière*, et renonce par conséquent aux réserves contenues dans les notes diplomatiques échangées au moment de la signature du traité de 1824 ».

Deux guerres, conséquence d'une négociation secrète, ont ruiné des milliers d'hommes et compromis l'honneur de l'Angleterre. Déjà la diplomatie secrète avait engagé l'Angleterre dans un compromis avec l'esclavage, par ses vieux traités avec l'iman de Mascate et le sultan de Zanzibar.

Tant que le peuple anglais voudra bien permettre à ses ministres de conclure en secret des traités semblables, il sera responsable du discrédit et de la honte qui suivent ces traités.

Les Atchinois ont reçu de l'Angleterre des promesses qui n'ont pas été tenues ; en dehors de cette considération si grave, le cabinet actuel agira avec bonté et intelligence, dans l'intérêt de l'humanité, s'il emploie son influence sur le gouvernement hollandais en faveur du peuple d'Atchin; car depuis deux ans bientôt, ce peuple défend ses foyers et sa patrie contre l'invasion la plus barbare et la plus cruelle.

CHAPITRE XIII

Queensland. — Le système contractuel de la main-d'œuvre. — Condition des insulaires des mers du Sud importés dans les propriétés de la colonie.

L'histoire de Queensland, pour ce qui concerne les indigènes, ressemble à celle des autres colonies australiennes : elle est écrite avec du sang.

L'expérience a prouvé souvent que les indigènes pouvaient devenir bons bergers et bons bouviers. Pourtant l'effort des conquérants qui se sont emparés de vastes territoires a toujours tendu à exterminer les anciens et légitimes possesseurs, et à importer un travail étranger. — De là une nouvelle sorte d'esclavage.

Sous les auspices de Sir G. Bowen, commencèrent à arriver à Queensland les insulaires des mers du Sud, engagés au travail par contrats. C'était violer la loi : on le prouva dès lors. Le nom anglais en tira peu d'honneur.

En 1868, le Parlement de Brisbane voulut porter remède à ces maux : mais la décision qu'il prit n'eut aucun effet; et comme l'avaient prévu beaucoup d'esprits clairvoyants, l'enlèvement et le meurtre ne furent point entravés. L'attention publique a été si vivement excitée et si absorbée par les atrocités commises dans le recrutement des Polynésiens, que leur condition chez les planteurs de Queensland a passé inaperçue.

On a prétendu qu'ils étaient partout bien traités : on en a cité qui, retournés chez eux, étaient repartis pour Queensland.

Ce fait paraît concluant : mais si l'on veut faire admettre qu'il soit général, il faut donner des chiffres. Combien de Polynésiens sont retournés, et combien se sont gardés de le faire?

Dans un pays où les propriétés sont si éloignées les unes des autres, et si rarement visitées par des étrangers, il est difficile d'obtenir des renseignements impartiaux et dignes de foi.

Un ex-gouverneur de Queensland fit, il y a quelques années, une sorte de tournée royale à travers quelques plantations et déclara qu'il avait trouvé tout pour le mieux et les Polynésiens enchantés. Je n'en doute pas : pouvait-il en être autrement? Un autre voyageur (1), vers la même époque, se présentait à l'improviste : et voici le compte rendu qu'il donne de sa visite :

« Nous avons vu comment on prend ou comment on se procure des coolies : voyons comment on les traite ; ou plutôt racontons ce dont nous avons été témoin dans deux plantations où nous les avons vus au travail. Leur nourriture, autant que j'ai pu en

(1) *Aventures et études aux colonies*, par un professeur de l'Université. Londres, Bell et Daldy, 1871.

juger, consistait principalement en potiron, en maïs gâté, dont ils ramassaient et cachaient quelques graines perdues. Deux fois la semaine ils recevaient un pot de riz d'un demi-litre (dans leur pays ils n'y auraient jamais goûté); et quand on tuait un bœuf, on leur laissait la tête, les entrailles, le rebut. Je les ai comparés à des esclaves. Leur condition est beaucoup plus malheureuse. J'étais à la plantation depuis un mois environ, quand une cargaison de coolies entra dans le port : aussitôt la plupart des ouvriers blancs reçurent leur congé et partirent dans la huitaine : quelques-uns seulement furent gardés comme surveillants. Quand les coolies arrivèrent, je remarquai que beaucoup avaient les chevilles écorchées, quelques-uns profondément blessés : j'appris qu'ils s'étaient révoltés pendant la traversée et avaient été mis aux fers. On s'étonne d'appliquer le nom de *révolté* à un homme qui se défend contre un oppresseur : mais cela fait partie du nouveau dictionnaire. Ils obtinrent deux jours pour se bâtir des cabanes. Ils étaient soixante-dix en tout. Aussitôt leur emménagement achevé, ils furent partagés en équipes et conduits au travail par des surveillants blancs, responsables de la tâche assignée pour chaque jour. Assurément si l'esclavage a été supprimé par pitié pour les nègres, ce trafic infâme doit être aboli par pitié pour ces insulaires : leur race, bien plus que la race nègre, est semblable à la nôtre.

« Près des villes, où l'opinion publique a son effet, la condition des insulaires est peut-être tolérable. Il en est bien autrement quand ils sont emmenés trop loin pour exciter l'intérêt de l'autorité civile, ou de l'opinion publique. Liés par leur contrat, ils ne sont pas libres, et par conséquent ne peuvent se défendre contre l'injustice et l'oppression. »

Une personne qui a passé quelque temps dans ce pays écrivait, il y a environ un an, les lignes suivantes :

« Toute personne arrivant pour la première fois sur ces plantations serait dès l'abord choquée par l'aspect des kanaks. Les indigènes australiens dans leur état primitif sont moins dégoûtants que les kanaks. Le marquis de Normanby, lorsqu'il visita deux de ces plantations, put-il voir ces malheureux dans leur tenue ordinaire, ou bien les habilla-t-on pour cette occasion? *Je crois que Son Excellence s'est occupée bien moins de prendre les meilleurs moyens de s'assurer de la situation des plantations, et de se faire une opinion, que de confirmer le système. Je me permets de dire qu'en voyageant à cheval à travers le district et en acceptant l'hospitalité des gens favorables au système, qui venaient de faire paraître toutes choses dans l'état le plus satisfaisant, il était impossible de porter un jugement.* Je ne doute pas que, s'il y avait eu des hommes capables de lui raconter comment ils étaient arrivés à la plantation et comment ils y étaient traités, on n'eût pris des mesures pour les empêcher de parler. J'affirme donc que Son Excellence n'a rien pu voir dans la situation en dehors de ce que lui ont affirmé ceux qui sont intéressés à cet infâme trafic.

« J'ai eu l'occasion d'étudier la manière dont on traite ces malheureux; j'affirme que ce système touche de beaucoup trop près à l'esclavage, et qu'on ne saurait le tolérer plus longtemps. Je veux citer quelques faits indiscutables pour éclairer l'opinion publique.

« Les insulaires sont amenés au travail dans les champs de canne, ou dans toute autre plantation, à sept heures du matin, et sont forcés d'y rester jusqu'à six heures du soir. On leur accorde de midi à une heure, une heure pour manger. Chaque bande a un surveillant pour s'assurer que l'on ne perd pas de temps. Ceux qui sont employés à la raffinerie restent au travail souvent jusqu'à minuit, et toujours jusqu'à dix heures. J'ai causé un jour avec un raffineur, auquel je faisais remarquer l'admirable zèle que ces pauvres gens mettent à aller au travail; il me répondit que s'ils ne se hâtaient pas d'eux-mêmes on saurait bien les y forcer. « Comment cela? » lui dis-je. « Eh bien, me répondit-il, en leur administrant quelques bons coups de canne à sucre. » C'est là un usage, je crois, qui n'est pas rare. On force ces gens à travailler quand la maladie les en rend incapables. La seule idée, le seul but des planteurs semble être ceci : tirer des ouvriers le plus de travail possible pendant le temps de leur engagement. Le dimanche même, ces malheureux travaillent, chargeant les chalands de sucre et les conduisant jusqu'aux navires.

« On présume qu'ils ne peuvent être malades.

S'ils se plaignent, on ne les croit pas, et l'on attribue leurs plaintes à la paresse et à la mauvaise volonté. Je rapporterai un fait qui m'a été raconté par un kanak qui parlait assez anglais pour se faire comprendre. Un homme de l'île de Tanna, travaillant sur une plantation, se trouva *très-mal*, et se coucha sur son lit. Le propriétaire ne le voyant pas au travail comme d'habitude s'informa ; on lui dit que cet homme était malade ; il s'en alla à la hutte, une grosse canne à la main, et poursuivit de coups le malheureux de son lit au moulin. Pourtant aucun des kanaks qui assistaient à la cruauté dont leur compatriote était l'objet n'osèrent intervenir. J'ai vu un Polynésien blessé à la cuisse ; c'était le résultat d'un coup de botte ferrée que lui avait donné son maître en l'accusant de dissimulation.

« Pourquoi les kanaks ne se sont-ils jamais plaints de ces mauvais traitements, nous demandera-t-on? A cela je répondrai qu'on ne leur donne pas les moyens de se plaindre. Presque tous leurs maîtres ne sont-ils pas en même temps magistrats? Le principal magistrat de police du district n'est-il pas fréquemment bien reçu par leurs maîtres? Si l'un de ces malheureux cherchait à arriver devant un tribunal de police pour se plaindre, ne le poursuivrait-on pas lui-même, en lui opposant les *obligations du serviteur envers son maître?* Et en outre, comment ces malheureux peuvent-ils réclamer contre les mauvais traitements dont ils sont l'objet, lorsque la plupart d'entre eux ne peuvent pas se faire entendre en anglais et que le gouvernement qui les amène en Australie ne leur fournit pas d'interprète.

« Comment le public n'entend-il pas parler des abus qui se passent dans les colonies où travaillent des Polynésiens? Cela est facile à expliquer : il n'y a aucune presse locale et indépendante pour dévoiler ces abus. Il n'existe qu'un journal, il est publié à environ cent milles des plantations et n'oserait jamais s'attaquer aux trafiquants. »

La liberté du travail et des gages aurait préservé la belle colonie de Queensland de ces fléaux.

CHAPITRE XIV

Coolies importés dans les Indes occidentales anglaises pendant une période de vingt-neuf ans. — Nombre de ceux qui sont rentrés dans leurs pays. — Combien d'argent ils gagnent. — Combien il y en a aujourd'hui dans les colonies. — La mortalité.

Le rapport présenté à la Chambre des Communes au sujet des immigrants et africains libérés qui ont travaillé dans les colonies des Indes occidentales entre 1843 et 1872, nous donne le chiffre de 161 539 pour la Guyane anglaise, la Trinité, la Jamaïque, Saint-Vincent et Grenade. Sur ce nombre, 46 038 sont morts, mortalité effrayante dans des contrées où la population indigène augmente si rapidement.

Le nombre de ceux qui sont parvenus jusque dans leur pays est de 16 938; chacun d'entre eux a mis de côté chaque année une somme moyenne de 1 livre sterling 2 s. 6 d. Pour arriver à ce misérable résultat, ces hommes ont travaillé avec acharnement et ont dépensé les plus belles années de leur vie. Ne nous étonnons donc pas que l'on ait encore besoin pour exciter l'immigration, de contrats, de recruteurs, de *voleurs d'hommes*.

Ce système de travail forcé coûte très-cher et est dangereux pour la vie humaine. On a voulu arriver à avoir de la main-d'œuvre à bon marché; mais la main-d'œuvre que l'on ne paye pas cher ne constitue pas nécessairement une économie; considérez en effe combien coûte ce système d'embauchage.

Il est bien probable que l'institution du travail libre et bien payé serait suivie à bref délai par un mouvement d'immigration.

L'*Ami des Indes*, à la fin d'une étude remarquable consacrée à ce sujet, appelle très-proprement le système en question « le frère jumeau de l'esclavage ». Les arguments que l'on fait valoir pour l'un et l'autre sont à peu près identiques. Pourtant on ajoute pour le système contractuel que, si le travail est forcé, du moins au bout de quelques années les coolies rentrent chez eux enrichis.

Le rapport qui porte sur une période de vingt ans montre comment cette idée a été réalisée. Les partisans du système ajoutaient aussi avec confiance que nos colonies pourraient arriver à être peuplées par les coolies. Le rapport prouve que l'on dépeuple les contrées d'où l'on enlève les coolies, sans coloniser celles où on les introduit. La mortalité que l'on a constatée serait capable de dépeupler rapidement le monde, si elle était générale.

RAPPORT PRÉSENTÉ AU PARLEMENT AU SUJET DES IMMIGRANTS

Le *Colonial Office*, sur la proposition de M. Crum-Ewing, a déposé sur le bureau de la Chambre des

Communes un rapport sur le nombre d'immigrants et d'Africains libérés introduits dans les Indes occidentales anglaises entre 1843 et 1872 inclusivement, et également sur le nombre de ceux qui sont rentrés dans leur pays, ainsi que sur le montant de leurs gains.

« 12 colonies ont importé des immigrants. La principale source a été l'Inde, d'où sont parties 146 663 personnes; de Madère, 34 364; de Sierra-Leone, 21 118; de Chine, 16 222. Sur les 31 336 individus qui ont émigré d'une colonie à l'autre, la Guyane anglaise, à elle seule, en a reçu 23 649. Le nombre total de coolies importés des seize colonies a été de 263 833, soit 9097 par an.

« Quel que soit le but que se propose le rapport, il fait réfléchir sérieusement, et prouve que l'immigration n'a pas été aussi lucrative pour les travailleurs qu'ils avaient lieu de l'espérer, et qu'elle a été impuissante à peupler les colonies anglaises.

« Dans l'Inde, on avait promis aux coolies, en surplus de leurs gages un logement et des champs, des soins gratuits de la part des médecins et dans les hôpitaux, 10 livres sterling à leur départ, et d'autres avantages encore. Les embaucheurs ne manquaient pas de leur faire des tableaux riants, leur promettant une vie heureuse, un travail facile et des gains considérables. Que sur les 146 663 coolies qui sont partis de l'Inde, quelques-uns, dans des circonstances particulièrement favorables, aient bien réussi, c'est ce que nous reconnaissons avec plaisir; mais, en regardant les choses, non avec les yeux d'un planteur qui ne voit que ses récoltes et les bénéfices, mais avec les yeux d'un ouvrier qui se demande quel gain il aura fait, quelles économies il aura réalisées après l'expiration de ses dix ans de travail, nous ne pouvons nous déclarer satisfaits.

« Quelques planteurs de la Jamaïque ont demandé dernièrement au gouverneur, sir John Peter Grant, d'engager les ouvriers de Malte à émigrer à la Jamaïque. Les Maltais ne veulent pas partir à moins qu'on ne leur assure un bénéfice net de 3 *pence* par jour, soit 3 liv. sterl. 18 s. par an, somme qui excède de beaucoup les économies que peuvent réaliser les coolies hindous dans cette colonie.

« Les agents d'immigration ont évidemment présenté les choses sous le jour le plus favorable. Non-seulement ont-ils compté de l'argent au crédit des coolies qui rentraient dans leur pays, mais encore quelquefois des bijoux. Il faut ajouter que le plus souvent cet argent et ces bijoux avaient appartenu à des amis ou parents des individus en question, qui étaient morts, et le nombre en est grand. Plusieurs fois aussi les sommes d'argent ainsi distribuées ont été prélevées sur les envois faits par les coolies émigrés à leurs amis et parents restés dans l'Inde. Il faut donc déduire cela encore des gains et des économies réalisés par les émigrants.

» Mais sans tenir compte de ces circonstances, en supposant que l'on a donné aux coolies le logement, la terre, les soins des médecins et de l'argent, quelle somme possèdent-ils à leur retour dans l'Inde? A la Trinité, cette somme se monte à 2 liv. sterl. 3 s. par an; dans la Guyane anglaise, à 1 l. 19 s.; à Grenade, à 1 l. 6 s.; à Saint-Vincent, à 1 l.; à la Jamaïque, à 15 s.; à Sainte-Lucie, à 14 s. 6 d. Ajoutez que ces coolies ont tous beaucoup travaillé, que quelques-uns d'entre eux ont employé leurs petites économies à acheter une vache ou un autre animal, et nous comprendrons que ce qu'ils rapportent dans l'Inde n'est pas fait pour encourager leurs compatriotes, et qu'il est difficile de trouver des hommes qui consentent à aller chercher fortune aux Indes occidentales. »

Il y a une autre considération. Le rapport nous apprend que très-peu de coolies retournent chez eux, et que pourtant *la colonisation n'est pas développée* dans les pays où on les importe. On y laisse s'éteindre la vie humaine: si le mouvement d'immigration ne continue pas, les coolies qui se trouvent actuellement dans les colonies seront bien vite morts, et la colonie ne sera pas plus peuplée qu'auparavant.

Examinez les faits dans les colonies suivantes.

	Nombre de coolis importés.	Nombre de ceux qui sont rentrés dans leur pays.	Nombre de ceux qui vivent encore dans la colonie.	Disparus.
Guyane anglaise.....	93 230	8 982	55 248	29 000
Trinité............	47 342	4 542	28 425	14 375
Jamaïque...........	16 471	3 194	9 000	4 277
Saint-Vincent.......	1 926	34	1 485	407
Grenade............	2 570	186	1 895	489
	161 539	16 938	96 053	48 548

« Pendant cette période de 29 ans, tandis que 1

coolie sur 9 rentre dans son pays, 1 sur 4 est porté comme disparu, c'est-à-dire mort. Dans un état de choses régulier, le nombre des naissances aurait dû dépasser celui des morts, comme cela arrive pour la race créole. Et ici, la population indienne, au lieu d'augmenter, a diminué d'environ 25 pour 100. » (*Anti-Slavery Reporter*.)

On avait souvent affirmé que les coolies retiraient des bénéfices du système contractuel : cette affirmation est complétement démentie par le rapport officiel. Un examen attentif permet de conclure qu'en présence d'une semblable mortalité, le système n'est pas plus soutenable économiquement qu'il ne l'est moralement.

CHAPITRE XV

Conclusion

Souvent, en parlant de l'esclavage en Orient, on soulève la question des difficultés religieuses.

Beaucoup de gens ont vu là un obstacle à l'abolition de l'esclavage dans les pays musulmans. Parlez-en à un Anglais : il prendra un air grave et vous citera le Koran. Un musulman intelligent vous déclarerait franchement que l'esclavage est une institution déplorable et qu'il faut extirper.

Cela n'a rien d'étonnant, car le Koran recommande énergiquement de donner la liberté aux esclaves (1).

Cette prétendue difficulté religieuse est nulle. L'islamisme, j'en conviens, a fait beaucoup pour étendre l'esclavage; mais il faut nous rappeler humblement que beaucoup de chrétiens ont agi dans le même sens, et qu'aujourd'hui encore ils ne sont pas sans reproche.

Le sultan, le khédive et plusieurs des principaux interprètes de la doctrine mahométane ont, à plusieurs reprises, manifestement condamné l'escla-

(1) Voy. la note D.

vage. D'autres ont déclaré que « la vente d'esclaves hommes ou femmes, était une abomination devant leur religion sacrée » et que, d'après la parole de Mahomet lui-même, « le pire des hommes, c'était un vendeur d'hommes ».

Pour ce qui est des déclarations des puissances européennes à Vienne et à Vérone, on a prétendu que leur but a été atteint puisque toutes les nations de l'Europe ont abandonné l'esclavage. Mais les déclarations avaient une portée bien plus grande; les différentes puissances s'étaient engagées à unir leurs efforts pour l'abolition complète, définitive et universelle de la traite en Afrique.

Si l'on examine l'époque où ces déclarations ont été publiées, et les vingt ans qui les ont suivies; si l'on remarque surtout les traités conclus avec les puissances mahométanes, il est impossible de ne pas constater que l'on avait tenté bien plus d'efforts avant les déclarations qu'on ne l'a fait depuis.

Un traité, il est vrai, vient d'être conclu entre l'Angleterre et Zanzibar; mais pour arriver à ce résultat il a fallu que le gouvernement fût contraint par un mouvement de l'opinion publique qui a duré plusieurs années; on disait hautement à la Chambre des Communes que si le gouvernement avait consenti à ordonner les enquêtes qui ont donné lieu au traité, c'est que l'administration ne se sentait plus en sécurité.

Nos traités avec les nations orientales ont toujours été médiocrement respectés, surtout par l'Égypte, la Turquie et la Perse; mais il semble avéré qu'autrefois on les exécutait plus fidèlement qu'aujourd'hui. Ces peuples ont cru deviner à notre conduite que nous leur demandions de ne pas pratiquer ouvertement la traite, mais non de s'en abstenir. On a dit, et de source trop certaine, qu'il y a peu d'années le gouvernement anglais a destitué son consul d'Égypte, coupable d'avoir exigé l'exécution du traité conclu avec sa patrie, et des lois du pays. Mais ce n'est pas en Égypte et en Turquie seulement que notre cause n'a trouvé, parmi ses défenseurs naturels, que l'apathie et l'indifférence. Il y a trente ans, le colonel Sheil était le fidèle interprête des vues du gouvernement anglais auprès de la cour de Perse et préparait activement l'abolition de l'esclavage et de la traite en cette contrée. Mais depuis qu'il a quitté Téhéran, nos représentants n'ont plus fait aucun effort.

Personne ne songe à pousser le gouvernement anglais dans la voie des querelles et des taquineries, mais il existe des traités; les immenses intérêts d'un continent entier y sont engagés : pouvons-nous songer sans honte et sans remords à la conduite si faible, si hésitante, si douteuse qu'on nous fait tenir en Orient?

A quels motifs attribuer cette indifférence relative de nos hommes d'État actuels? Les professions de dévouement ne font pas défaut; mais à part quelques glorieuses exceptions, chacun semble penser que le temps d'agir est loin encore.

Cependant il serait injuste de charger les gouvernements de tous nos griefs : les peuples aussi ont été très-coupables, et leur faute, c'est de ne point s'être enquis de la vérité. Il y a trois ans, la traite passait généralement pour une vieille histoire. Heureusement cette erreur disparaît, et les idées justes sur l'état du centre de l'Afrique commencent à se répandre.

Quand notre peuple et les autres grandes puissances connaîtont véritablement la question, nos politiques trouveront bien l'occasion favorable pour agir. L'Allemagne et la Russie sont prêtes à joindre leur influence à celle de l'Angleterre. Sans doute la France ne restera pas en arrière. Quant à l'Amérique, sa politique nationale est aujourd'hui la guerre à l'esclavage. Ses intérêts chez les peuples d'Orient sont grands, ses missions fréquentes et marquées par de nombreux succès.

Le monde entier a besoin de l'Afrique; il a besoin des produits de ses plaines si vastes et si fertiles. Les innombrables habitants de ce continent, délivrés de la traite, de la dévastation et du désespoir qu'elle répand, auront tout intérêt à cultiver le sol.

L'Afrique a besoin des vêtements et des produits de nos manufactures; l'Europe, des matières premières et des productions de l'Afrique : les deux continents devraient se bénir l'un l'autre. Les grandes famines de l'Inde pourraient elles-mêmes être prévenues, si l'Afrique était cultivée.

Les desseins évidents de la bonté divine sont entravés par la folie des hommes.

Mais des considérations d'un ordre plus élevé encore appellent aujourd'hui sur l'Afrique l'attention de l'Angleterre et du monde civilisé. Personne ne peut s'imaginer dans toute son étendue la misère, la quantité de souffrance humaine dont l'esclavage et ses conséquences sont aujourd'hui responsables.

Les événements passés, les événements actuels le prouvent : il est grand temps de supprimer ce mal, le plus affreux qui ait jamais affligé l'humanité.

Ce grand ouvrage est à moitié fait depuis bien des années : un heureux concours de circonstances nous indique qu'avec la grâce du Tout-Puissant, il nous est donné de pouvoir l'achever.

Assurément l'heure est venue où cette grande barrière à la propagation et aux progrès du christianisme peut être renversée à terre pour ne plus se relever de ses ruines.

Alors l'Afrique aura sa part dans la réalisation des promesses du prophète : « Plus de violences en la contrée; plus de ravages ni de destruction sur tes frontières; tes murailles s'appelleront le salut et tes portes la gloire ! »

NOTES

Note A

Déclaration des huit Cours, relative à l'abolition universelle de la traite des nègres.

(Congrès de Vienne, protocole du 8 février 1815)

Les plénipotentiaires des puissances qui ont signé le traité de Paris le 30 mai 1814, ayant pris en considération :

Que le commerce connu sous le nom de traite des nègres d'Afrique a été envisagé par les hommes justes et éclairés de tous les temps, comme répugnant aux principes de l'humanité et de la morale universelle ;

Que les circonstances particulières auxquelles ce commerce a dû sa naissance et la difficulté d'en interrompre brusquement le cours ont pu couvrir jusqu'à un certain point ce qu'il y avait d'odieux dans sa conservation, mais qu'enfin la voix publique s'est élevée dans tous les pays civilisés pour demander qu'il soit supprimé le plus tôt possible;

Que depuis que le caractère et les détails de ce commerce ont été mieux connus et les maux de toute espèce qui l'accompagnent complétement dévoilés, plusieurs des gouvernements européens ont pris en effet la résolution de le faire cesser, et que successivement toutes les puissances possédant des colonies dans les différentes parties du monde ont reconnu soit par actes législatifs, soit par les traités et autres engagements formels l'obligation et la nécessité de l'abolir;

Que par un article séparé du dernier traité de Paris, la Grande-Bretagne et la France se sont engagées à réunir leurs efforts au congrès de Vienne pour faire prononcer par toutes les puissances de la chrétienté l'abolition universelle et définitive de la traite des nègres;

Que les plénipotentiaires rassemblés dans ce congrès ne sauraient mieux honorer leur mission, remplir leur devoir et manifester les principes qui guident leurs augustes souverains qu'en travaillant à réaliser cet engagement et en proclamant au nom de leurs souverains le vœu de mettre un terme à la traite qui a si longtemps désolé l'Afrique, dégradé l'Europe et affligé l'humanité;

Lesdits plénipotentiaires sont convenus d'ouvrir leurs délibérations sur les moyens d'accomplir un objet aussi salutaire, par une déclaration solennelle des principes qui les ont dirigés dans ce travail. En conséquence, et dûment autorisés à cet acte par l'adhésion unanime de leurs cours respectives au principe énoncé dans ledit article séparé du traité de Paris, ils déclarent à la face de l'Europe que, regardant l'abolition universelle de la traite des nègres comme une mesure particulièrement digne de leur attention, conforme à l'esprit du siècle et aux principes généreux de leurs augustes souverains, ils sont animés du désir sincère de concourir à l'exécution la plus prompte et la plus efficace de cette mesure, par tous les moyens à leur disposition, et d'agir, dans l'emploi de ces moyens, avec tout le zèle et toute la persévérance qu'ils doivent à une aussi grande et belle cause.

Trop instruits toutefois des sentiments de leurs souverains pour ne pas prévoir que, quelque honorable que soit leur but, ils ne le poursuivront pas sans de justes ménagements pour les intérêts, les habitudes et les préventions même de leurs sujets, lesdits plénipotentiaires reconnaissent en même temps que cette déclaration générale ne saurait préjuger le terme que chaque puissance en particulier pourrait envisager comme plus convenable pour l'abolition définitive du commerce des nègres. Par conséquent, la détermination de l'époque où ce commerce doit universellement cesser sera un objet de négociation entre les puissances; bien entendu que l'on ne négligera aucun moyen propre à en assurer et à en accélérer la marche; et que l'engagement réciproque contracté par la présente déclaration entre les souverains qui y ont pris part, ne sera considéré comme rempli qu'au moment où un succès complet aura couronné leurs efforts réunis.

En portant cette déclaration à la connaissance de l'Europe et de toutes les nations civilisées de la terre, lesdits plénipotentiaires se flattent d'engager tous les autres gouvernements et notamment ceux qui en abolissant la traite des nègres ont manifesté déjà les mêmes sentiments, à les appuyer de leur suffrage dans une cause dont le triomphe final sera un des plus beaux monuments du siècle qui l'a embrassée, et qui l'aura glorieusement terminée.

MM.	Castelreagh.	MM.	Palmella.
	Steward, lieut. gén.		Saldanha.
	Wellington.		Lolio.
	Nesselrode.		Humbold.
	C. Lowenhielm.		Metternich.
	Gomez Labrador.		Talleyrand.

Résolutions relatives à l'abolition de la traite des nègres adoptées à la conférence de Vérone le 28 *novembre* 1822.

Les plénipotentiaires de l'Autriche, de la France, de la Grande-Bretagne, de la Prusse et de la Russie, réunis en congrès à Vérone ;

Considérant que leurs augustes souverains ont pris part à la déclaration du 8 février 1815, par laquelle les puissances réunies en congrès à Vienne ont proclamé, à la face de l'Europe, leur résolution invariable de faire cesser le commerce connu sous le nom de la traite des nègres d'Afrique; considérant de plus que malgré cette déclaration et en dépit des mesures législatives dont elle a été suivie dans plusieurs pays et des différents traités conclus depuis ladite époque entre les puissances maritimes, ce commerce, solennellement proscrit, a continué jusqu'à ce jour, qu'il a gagné en intensité ce qu'il peut avoir perdu en étendue, qu'il a pris même un caractère plus odieux et plus funeste par la nature des moyens auxquels ceux qui l'exercent sont forcés d'avoir recours;

Que les causes d'un abus aussi révoltant se trouvent principalement dans les pratiques frauduleuses, moyennant lesquelles les entrepreneurs de ces spéculations éludent les lois de leur pays, déjouent la surveillance des bâtiments employés pour arrêter le cours de leurs iniquités, et couvrent les opérations criminelles dont des milliers d'êtres humains deviennent d'année en année les innocentes victimes;

Que les puissances de l'Europe sont appelées par leurs engagements antérieurs autant que par un devoir sacré, à chercher les moyens les plus efficaces pour prévenir un trafic que déjà les lois de la presque totalité des pays civilisés ont déclaré illicite et coupable et pour punir rigoureusement ceux qui le poursuivent en contravention manifeste de ces lois;

Ont reconnu la nécessité de vouer l'attention la plus sérieuse à un objet d'une grande importance pour le bien et l'honneur de l'humanité et déclarent en conséquence au nom de leurs augustes souverains :

Qu'ils persistent invariablement dans les principes et les sentiments que ces souverains ont manifestés par la déclaration du 8 février 1815;

Qu'ils n'ont pas cessé et ne cesseront jamais de regarder le commerce des nègres comme « un fléau qui a trop longtemps désolé l'Afrique, dégradé l'Europe et affligé l'humanité »;

Qu'ils sont prêts à concourir à tout ce qui pourra assurer et accélérer l'abolition complète et définitive de ce commerce;

Qu'afin de donner effet à cette déclaration renouvelée, leurs cabinets respectifs se livreront avec empressement à l'examen de toute mesure compatible avec leurs droits et les intérêts de leurs sujets pour amener un résultat constatant aux yeux du monde la sincérité de leurs vœux et de leurs efforts en faveur d'une cause digne de leur sollicitude commune.

NOTE B

Opinion de feu l'évêque Patteson sur le commerce de la main-d'œuvre.

On a dit, fort bruyamment, que si l'évêque Patteson condamnait ce commerce quant aux moyens employés de son temps, il n'avait jamais demandé une suppression radicale. Bien des crimes avaient été commis quand l'évêque émit cette opinion ; mais, ne l'oublions pas, les vices du régime ne s'étaient encore manifestés qu'en partie. S'il avait assez vécu pour être témoin des atrocités horribles qui, depuis, ont été commises, s'il avait vu des îles entières dépeuplées, s'il avait mieux connu le sort de la plupart des victimes conduites à Queensland et aux îles Fiji par les contrats de travail, cet esprit si humain et si éclairé n'aurait pu, assurément, donner le moindre appui à de tels abus. Regarder l'évêque comme un défenseur du système actuellement mis en pratique, c'est faire injure à sa mémoire.

NOTE C

Extrait d'un journal de l'expédition au nord-ouest de l'Afrique.

Le but de cette expédition, c'est d'abord d'établir une station de commerce et une mission à l'embouchure de la rivière Belta, aux bords de l'Atlantique, près du cap Jubé et du cap Boyador, sur la côte nord-ouest de l'Afrique, en face des Canaries ; ensuite de faire une reconnaissance préliminaire de la route entre le cap Boyador et le sommet septentrional du grand circuit décrit par le Niger à Tombouctou, dans l'intention d'ouvrir au commerce européen un canal maritime jusqu'au centre de l'Afrique.

L'importance d'une pareille œuvre n'échappera à personne; les services en seraient immenses; mais qu'on songe surtout à la reconnaissance des indigènes qui sont aujourd'hui comme séquestrés loin des lumières de l'Europe! Une telle percée ouvrirait au monde commercial et civilisé les ressources de ce vaste continent; elle les centuplerait du même coup. D'après les plus célèbres explorateurs de l'Afrique, ce projet de canal ne doit rencontrer aucun obstacle insurmontable, et la disposition physique du Sahara, ou grand désert, sera avantageuse; en effet, l'embouchure de la rivière Belta n'est qu'à 740 milles de Tombouctou; et sur une distance de 630 milles, on suit une grande vallée nommée *El Tiris* et *El Juf*, explorée par Barth, Bou el Moghad, Panet, etc., et dont le niveau est à 140 pieds au-dessous du niveau de l'Atlantique, qui, sans doute, l'a recouverte autrefois. Ce pays, en contre-bas, est séparé de l'Océan par une sorte de chaussée, large de 30 milles, à travers laquelle la rivière Belta se fraye un passage sur une distance de 25 milles. Creusez le lit de la rivière, abattez cette digue qui la sépare du désert, et une belle nappe d'eau se précipitera dans un bassin tout creusé pour elle, améliorant le climat, comme à Suez, fertilisant les terres et les changeant en pâturages et champs labourables, enfin portant le commerce jusqu'au cœur de l'Afrique.

Un canal rejoignant le Niger sera du plus haut intérêt commercial; non-seulement il donnera passage aux produits des rives du Niger et des contrées voisines qui regorgent de population, mais il permettra d'exploiter les grands affluents du Niger jusqu'au lac Tchad; il fournira un débouché à vingt millions d'hommes, qui, jusqu'ici, n'ont eu aucune relation avec le reste du monde; et qui, de plus, serviront d'intermédiaires avec les populeuses régions de Tafilelt et de Twat.

Ce pays produit des grains, du coton, de l'ivoire, de l'ébène, de l'indigo, du fer, de l'or, etc.; le désert même produit des plumes d'autruche, des gommes, de l'huile de palme, des dattes, etc.; le riz et le café pourront y être cultivés partout.

Pour une exploration complète et bien conduite depuis le cap Jubé jusqu'à Tombouctou, au centre de l'Afrique, il faut s'attendre à une dépense de 125 000 fr.; nous demandons instamment leur souscription aux personnes qui s'intéressent soit aux progrès de notre commerce, soit à la civilisation et au bien-être du peuple africain.

Les donations seront reçues avec reconnaissance, au nom de la Société, par

DONALD MACKENZIE.

125, Sandringham-Road Dalston

Club maritime et militaire à Saint-James.

30 janvier 1875

Cher monsieur, j'ai lu votre communication avec le plus vif intérêt; cette question est de celles qui ont attiré mon attention depuis de longues années. Vous proposez d'entamer l'ouvrage aux environs du cap Jubé; d'après moi, le cap Blanco présenterait moins d'obstacles à nos ingénieurs. Je suis heureux qu'une exploration ait été entreprise pour étudier la possibilité d'inonder le Sahara, au sud et en dehors des possessions de l'empereur du Maroc et des Français. Je serai également heureux de prêter mon concours à un projet, qui ne le cède en grandeur qu'au seul canal de Suez. C'est là un moyen unique de porter le christianisme, le commerce et la civilisation aux innombrables populations du centre de l'Afrique.

Bien à vous.

JOHN GLOVER,

Commandant dans la marine royale, à M. Donald Mackenzie.

Opinion de Vasco de Gama.

On trouverait, près de l'empire du Maroc, dans un pays indépendant sur la côte nord-ouest de l'Afrique, un passage avantageux : les marchandises n'auraient à traverser qu'une seule tribu et sans payer; et elles marcheraient librement jusqu'à Tombouctou, où elles entreraient sans redevance par le Beb Sahara, ou *porte du Désert*. Quelques écrivains ont prétendu que les habitants du Sahara étaient une race sauvage intraitable, incapable de recevoir la civilisation par le commerce d'aucun autre peuple. Ici, je demande la permission de contredire et je ne parle pas d'après des lectures, mais d'après mon expérience personnelle, ayant passé, avec les indigènes du Sahara, bien des années de ma jeunesse.

Note D

L'esclavage jugé par le Koran.

« Si quelques-uns de vos esclaves, en qui vous avez reconnu de bonnes qualités, vous demandent leur affranchissement par écrit, donnez-le-leur et faites-leur même part de ces biens que Dieu vous a dispensés. » (Sourate, *la Lumière*, XX, 33.)

Pour tous les vrais musulmans, Bou Hourira a prononcé cette sentence :

« Ne dites pas mon esclave, car nous sommes tous les esclaves d'Allah, mais dites mon serviteur ou ma servante. »

Le commentateur musulman Achab a dit :

« L'enfant d'une esclave frappé douloureusement par son maître peut le fuir. »

D'après les traditions :

« Celui qui met en liberté un esclave est exempt des feux de l'enfer. » (Dunant, l'*Esclavage chez les musulmans*. Genève.)

La religion mahométane reconnaît l'esclavage : cela ne peut

faire de doute. Mais il ne faut pas en conclure qu'elle oppose à l'abolition un obstacle formel.

Une religion qui déclare que la mise en liberté d'un esclave est un acte digne des louanges les plus hautes en ce monde, et méritant une récompense dans l'autre, ne peut point être considérée comme une protectrice de l'esclavage.

Il est certain que l'Afrique ne peut être délivrée de la traite qu'après l'abolition de l'esclavage chez les Orientaux; il n'est pas moins vrai que les nations mahométanes resteront dans leur état de torpeur et de sensualisme, tant que l'esclavage existera, dans la forme particulière aux musulmans. Les musulmans occupent l'une des plus belles parties de l'univers, et, sous leur gouvernement, des contrées magnifiques ne valent guère mieux que des jachères incultes. L'histoire tout entière prouve que l'esclavage est toujours suivi d'un cortége de maux. C'est là un châtiment voulu par la Providence, et nul ne peut s'y soustraire.

L'abolition de l'esclavage chez les Turcs et leurs tributaires est aujourd'hui devenue une nécessité absolue et urgente, si les Turcs veulent continuer à vivre indépendants.

J. Cooper.

Note E

L'Abolition de l'esclavage en Portugal.

On ne lira pas sans satisfaction les renseignements suivants qui nous sont adressés par M. le vicomte Duprat. Les détails qu'il nous donne sont tout à l'honneur du roi de Portugal et des habiles ministres qu'il a choisis :

A M. Joseph Cooper, Essex-Hall Walthamstow.

CONSULAT GÉNÉRAL PORTUGAIS

Londres, le 20 juillet 1875.

Cher monsieur,

Au sujet de ma lettre du 21 juin, j'ai le plaisir de pouvoir vous citer un extrait d'une autre lettre que j'ai reçue d'un de mes amis de Lisbonne, sur la question de l'abolition de l'esclavage dans les possessions portugaises :

« Le décret du 31 octobre 1874, me dit-on, a détruit tout vestige d'esclavage dans l'archipel du Cap-Vert. La *Carta de Lei*, du 29 avril dernier, est considérée comme devant abolir en moins d'un an dans nos possessions d'outre-mer toute espèce d'esclavage ; tous ceux auxquels cette loi s'applique sont immédiatement libres. »

Je suis heureux aussi de pouvoir vous envoyer un numéro du *Diario do Governo*, du 11 mai dernier, contenant le décret du 29 avril ci-dessus mentionné ; j'espère que ces renseignements vous permettront d'arriver au but que vous m'indiquiez dans votre lettre du 18 juin.

Je reste, monsieur, votre très-obéissant serviteur.

DUPRAT.

Les classes laborieuses supportent à la Jamaïque les inconvénients du système des coolies.

Savanna-la-Mer (Jamaïque), 8 juillet 1875.

Mon cher monsieur Cooper,

Mille remercîments pour votre « Continent Perdu » ; je l'ai lu avec le plus vif intérêt.

L'immigration des coolies, sous un pseudonyme, c'est l'esclavage et la traite dans leur forme la plus pure ; ajoutez que ce système vole les travailleurs de la Jamaïque en leur en faisant payer les frais.

Les dangers de ce système sont inhérents à sa nature et ne peuvent cesser qu'avec lui-même. *Il est absurde de parler de ses abus, le plus grand abus est son existence même.*

Mais la source du mal n'est pas à la Jamaïque ; elle est en Angleterre et dans le commerce de Londres ; la lutte sera inutile si l'on ne trouve quelque influence qui puisse agir sur le *Colonial office.* Je voudrais demander à nos amis anti-esclavagistes d'Angleterre de prendre part à la lutte; en effet, comme l'a très-bien dit Charles Sumner, c'est le vieil ennemi sous un déguisement.

En 1868, sir J.-P. Grant donna l'ordre de séparer les fonds destinés à défrayer les frais de l'immigration d'avec les recettes générales ; ces fonds devaient être perçus sur les droits d'exportation qui frappent le sucre, le rhum, le café, les bois, et qui chaque année ne montent pas à moins de 20 000 livres sterling, ainsi que sur la taxe personnelle (qui dépasse la somme précédente de 10 000 liv. sterling) ; la balance devait être faite par des emprunts pesant sur le crédit public. En 1873, le gouvernement s'aperçut qu'il dépassait ses ressources. Le *Conseil législatif* forma une commission ; on recommanda de faire peser sur le revenu public la somme de 12 liv. sterling de bénéfice que l'on paye à chaque coolie comme frais de retour ; on fixa la somme totale à 5 000 liv. sterling par an. Sir J.-P. Grant m'assurait, dans une lettre que j'ai reçue de lui autrefois, que la population ne payerait plus un centime. Le premier acte de sir William Grey fut de proposer un nouveau crédit, prétextant la nécessité de parachever le payement des bénéfices accordés aux coolies de 1868 à 1872.

« Faites la dépense, lui avait-on dit au ministère des Colonies, si les revenus publics peuvent la supporter. » Les revenus publics ne le pouvaient certes pas. Sir Grey porta néanmoins la dépense à 23 000 livres sterling ; cette somme fut perçue à l'aide d'emprunts pesant sur le crédit public.

Si de semblables faits se passent sans soulever de protestations, l'année prochaine on trouvera de nouveau un prétexte fallacieux pour recommencer, et, par un trait de plume, on fera peser ces charges énormes, qui sont ouvertement imposées dans l'intérêt particulier des planteurs, sur la malheureuse bête de somme, la population de la Jamaïque.

J'appelle particulièrement votre attention sur le fait que j'ai avancé dans ma pétition au Conseil : Les propriétaires des plantations de sucre ne payent pas un liard sur les 500 000 livres sterling de revenus généraux. Cette somme est levée presque entièrement sur la nourriture, la boisson, les vêtements, les logements des pauvres.

Votre tout dévoué,

Henry CLARKE.

Situation actuelle des Chinois au Pérou.

(D'après une lettre de mai 1875).

Lorsque j'examine l'horrible question qui se pose au sujet du nombre des Chinois importés au Pérou, de la grande mortalité qui a régné parmi eux, et enfin de la situation des survivants, je ne puis concevoir comment cette situation pourrait être améliorée. Ces malheureux, pour la plus grande partie, seront *tués* comme l'ont été leurs prédécesseurs.

On les chasse de leurs tanières avant le lever du soleil ; ils ont pour guide un *cholo*, c'est-à-dire un nègre libre, homme brutal, qui pourtant a été probablement esclave, lui aussi, et qui, du haut de son cheval, brandit un fouet pesant. Il fait lever les coolies et les conduit à l'ouvrage, les poursuivant à peu près comme un *piqueur* pousse une *meute*.

Les coolies se mettent en route sans avoir pris aucune nourriture ; vers onze heures ou midi, on leur donne à chacun un épi de maïs, ou quelquefois une livre environ de riz bouilli. On les garde à l'ouvrage tout le reste de la journée, et, quand l'obscurité est venue, on leur permet de retourner à leurs tanières. Pourtant, avant de les renvoyer définitivement, on leur donne encore un épi de maïs cru, et ainsi chaque jour suit l'autre avec son travail, sans aucun changement, et toute la journée les surveillants brutaux maltraitent leurs victimes de la manière la plus affreuse. L'insuffisance de la nourriture les rend bientôt faibles et malades ; alors on les porte à l'hôpital et ils y meurent.

Presque tous les propriétaires qui emploient les Chinois ont sur leurs propriétés mêmes des prisons et des hôpitaux. Mais dans les *haciendas* de cette *intelligente* république, l'*hôpital* devrait se nommer *établissement où l'on meurt*. En effet, c'est un fait bien connu que ceux qui y entrent souffrants sont bien assurés de ne pas en sortir vivants.

Dans tous les contrats conclus avec les Chinois, on insère une clause en vertu de laquelle ils ne doivent pas travailler sur les îles de guano, mais cette clause, qui devrait les protéger, est dans la pratique absolument lettre morte.

Les contrats sont faits pour une durée de huit ans. Un grand nombre des Chinois qui survivent au premier terme sont maintenus dans les propriétés pour une seconde durée égale; s'il arrive par hasard que l'homme soit encore vivant, l'on recommence. En fait, on donne aux survivants le nom de ceux qui sonts morts et qui, s'ils avaient vécu, auraient eu encore plusieurs années à servir pour parachever la durée de leur contrat. On ne parle jamais de coolies retournant en Chine; tous ceux qui arrivent au Pérou y sont retenus, la plupart par la mort. Quelques-uns, en très-petit nombre, ne succombent pas à ces épreuves; ils s'établissent à Lima ou au Callao.

Le suicide est une chose très-répandue. Des milliers de Chinois se détruisent sur les îles de guano. Dans quelques endroits, dix ou douze, dans une seule matinée, trouvent moyen de sauter d'un lieu élevé dans la mer, et terminent ainsi leur triste existence.

L'esclavage, dans les États du Sud aux États-Unis, n'a jamais égalé la brutalité qui est d'un usage journalier au Pérou. J'ai vu tous les jours de véritables squelettes vivants, de malheureux Chinois qui, ne pouvant plus servir à grand'chose, sont chassés par leurs maîtres pour aller mourir ailleurs. Ils vivent quelque temps en mendiant, mais bientôt ils succombent et l'on n'en entend plus parler.

Les coolies dans l'île Maurice. — Le rapport de la commission royale.

Depuis que les remarques, contenues dans le cinquième chapitre du présent livre, ont été écrites, la commission royale formée pour étudier la condition des coolies hindous à l'île Maurice a déposé son rapport devant le Parlement.

Le document est très-volumineux; il est évidemment le résultat d'un examen impartial et attentif de la condition des immigrants.

Le rapport prouve les faits suivants :

Le système de main-d'œuvre aujourd'hui en activité à Maurice est une forme de l'esclavage, et les abus les plus flagrants existent.

Les coolies sont recrutés dans l'Inde sans examiner leur aptitude au travail des champs.

Lorsqu'un émigrant est placé dans une propriété à Maurice, il est absolument à la merci d'un employé sans scrupule, qui le paye quand il veut et comme il veut.

Ceux qu'on appelle *protecteurs des immigrants* n'ont aucune autorité qui réponde à ce titre.

L'inégale proportion des deux sexes est une cause abondante de meurtres et de beaucoup d'autres maux.

L'émigration n'a pas amélioré la situation physique, morale ou intellectuelle des émigrants, et ne semble pas propre à produire un semblable résultat.

L'ensemble du sujet a été traité avec talent par l'honorable Lyulph Stanley dans un article paru dans un des derniers numéros de *Fortnightly Review*, intitulé : « La situation des immigrants hindous à l'île Maurice. » Le lecteur fera bien de consulter cet article. Il se termine par les fortes et remarquables pensées qui suivent :

« Il est inutile de multiplier les exemples. De quelque côté que nous tournions les yeux, nous voyons à Maurice la même triste histoire. L'île tout entière est enveloppée dans la même condamnation. Les planteurs créoles, auxquels leur caractère ne permet pas de réclamer une bien haute place dans la civilisation et dans l'humanité, ont pris possession d'une race faible dont ils se servent sans remords. Les nègres que l'on aurait dû instruire et civiliser après leur émancipation, ont été négligés. On n'a pas cherché à les contraindre par la législation appliquée aux Hindous ; et pourtant ils en auraient eu tout autant besoin. Mais les planteurs ont bien pensé que les nègres ne se soumettraient jamais aux mesures qu'acceptent les Hindous ; voilà probablement ce qui a poussé les planteurs à aller chercher au loin la main-d'œuvre dont ils avaient besoin. Le système tout entier de l'immigration des coolies est mauvais dans son principe. Aucun remaniement ne peut l'améliorer. Il y a malheureusement un grand nombre d'Hindous dans l'île, et les autorités doivent faire en sorte de les employer le mieux possible. Mais, à tous les points de vue, il faut faire cesser dès à présent et pour toujours l'immigration artificielle et le système des contrats à long terme. Il y a un devoir plus haut que de produire 100 000 tonnes de sucre par an, que le Gouvernement l'apprenne : c'est d'améliorer le sort de deux cent mille Hindous, que l'on a amenés à Maurice par des promesses mensongères ; on leur a fait abandonner et jeter à tous les vents leur vieux système social, dans lequel tout repose sur les coutumes, sur la vie de famille dans les villages, sur le culte des ancêtres, sur les castes, et l'on n'a substitué à ces anciennes idées aucune influence moralisatrice, aucun principe plus élevé d'éducation et de vertu. La tâche de réformer cet état de choses est une tâche qui pourrait effrayer les plus braves, et faire perdre patience aux plus sages. Non-seulement la population, mais le Gouvernement lui-même ne montre qu'hostilité et défiance à toute idée de réforme ; dans la mère-patrie, il n'y a qu'une faible opinion publique pour soutenir un gouverneur contre l'opposition intéressée qui ne songe qu'au développement de la richesse coloniale. Le commerce a fait beaucoup pour la civilisation ; mais le commerce, lorsqu'il met en lutte le développement de l'industrie avec le droit des races inférieures, est dangereux. Si nous songeons à nos relations avec la Chine et à l'histoire de nos guerres avec cette nation, nous ne pouvons croire que les classes commerçantes, qui ont des rapports avec l'île Maurice, puissent aider le Gouvernement dans cette œuvre. Cependant, si le *Colonial office* veut agir avec énergie et continuer à soutenir et à stimuler le gouverneur de l'île Maurice, les tristes révélations de l'enquête n'auront pas été sans quelque utilité. »

Il est humiliant de lire un semblable exposé, quarante ans après la promulgation de l'*Acte d'abolition de l'esclavage* dans les colonies anglaises.

Sur l'émigration.

(Note rédigée par M. Edmond Sturge et présentée au comte de Carnarvon, par la Société anti-esclavagiste).

Pour retracer l'origine d'une institution que nous regardons depuis sa naissance comme malheureuse et désastreuse, il est nécessaire de se rappeler quelle était la situation de nos colonies des Indes occidentales à l'époque où s'accomplit l'émancipation des esclaves : la plus grande partie des exploitations était profondément et mortellement atteinte ; l'absence des propriétaires était un fait universel.

La culture du sucre dans nos anciennes colonies était en général entièrement ruinée pendant la période qui a précédé l'émancipation : c'est là une vérité que l'on n'a jamais voulu se mettre dans l'esprit. L'émancipation n'a pas été, comme le pense le public, la cause de la catastrophe ; elle en a été le point culminant, pour ainsi dire.

En 1826 on frappa les sucres de l'île Maurice et plus tard les sucres fabriqués dans nos possessions des Indes orientales, du même droit qui pesait sur les sucres venus des Indes occidentales anglaises. Cette mesure détruisit une industrie artificielle, créée par une protection puissante et exclusive, et un régime maintenu trop longtemps, où la culture et les établissements étaient une source de dépenses énormes. Au milieu de la prostration produite par cette mesure, remarquons, malgré de notables exceptions, combien les hommes qui avaient administré le système des esclaves étaient moralement incapables, non-seulement de se plier au nouvel état de choses créé par l'émancipation, mais de soutenir une concurrence qui était devenue forte, en dépit de la protection accordée aux adversaires : nous ne pouvons plus nous étonner de ce qui est arrivé ; le résultat était inévitable.

Dans cette situation, on chercha des expédients ; ces expédients, que le Gouvernement approuva par malheur, notre société les considérait alors, de même qu'elle les considère aujourd'hui, comme des formes plus ou moins modifiées de l'esclavage, comme des institutions insoutenables en principe, et dangereuses pour le bien-être social et pour le progrès moral des populations émancipées des colonies.

Les défenseurs du régime existant nous citent souvent, comme un argument invincible, les sommes d'argent considérables parfois que les coolies mettent de côté. Notre consul de la Havane, votre Excellence l'ignore peut-être, confie de temps en temps aux soins de notre comité des bandes de nègres, en nous remettant en même temps des sommes importantes en leur faveur ; ces nègres, outre les dépenses consacrées à poursuivre leur liberté et celle de leur famille, ont payé pour leur retour en Afrique, non la somme insignifiante du passage d'un coolie, mais le prix élevé du passage sur un *steamer* royal. On devrait donc conclure de ces faits que l'esclavage honteux, qui règne et augmente chaque année d'intensité à Cuba, a des avantages ; nous regardons au contraire la durée de cet état de choses à Cuba comme une humiliation pour l'Angleterre et un scandale pour tout le monde civilisé.

Voici quels sont, suivant nous, les principes qui devraient régler l'émigration :

Le Gouvernement doit surveiller l'émigration, mais jamais, sous aucun prétexte, l'aider *pécuniairement.*

On ne doit reconnaître et encourager que les contrats conclus par les travailleurs en pleine connaissance de cause, et dans le pays même où le travail doit être accompli.

Dans les pays où l'émigration est permise, on doit veiller à ce qu'une égalité de nombre soit maintenue, autant que possible, entre les émigrants des deux sexes.

FIN.

PARIS. — IMPRIMERIE DE E. MARTINET, RUE MIGNON, 2.

www.ingramcontent.com/pod-product-compliance
Ingram Content Group UK Ltd.
Pitfield, Milton Keynes, MK11 3LW, UK
UKHW020146200726
13856UKWH00003B/873

9 782013 635196